イラストでパッと見てわかる！

基礎からレッスン　オールカラー

🔊))
音声DL版

はじめての ドイツ語

宍戸 里佳・著

ナツメ社

はじめに

　「難しいことは抜きにして、とにかくドイツ語をしゃべってみたい！」「ドイツ語圏へ行ったら、現地の人とドイツ語で交流してみたい！」と思っている人に、ぴったりの本ができました。本書では、旅行中に出会う場面を想定しつつ、ドイツ語入門の手ほどきをしています。文法事項は最小限に絞り、話すのに本当に必要なことだけを、一からわかりやすく説明しています。

　ドイツ語を公用語としている国は、ドイツ・オーストリア・スイスのほかに、ルクセンブルク、リヒテンシュタイン、ベルギー（一部）、イタリア（一部）などがあります。さらに、フランスのアルザス＝ロレーヌ地方や、

デンマークの一部にも、ドイツ語を使用している地域が
あります。また、かつてハプスブルク家やプロイセン王
国に支配を受けていた中欧や東欧（チェコやハンガリー、
ポーランドなど）でも、ドイツ語が通じやすくなってい
ます。

　ドイツ語を知っていれば、こんなにも行動範囲が広が
るのです。英語ではどうしても「よそ者」扱いされてし
まう現地の空気を、ぜひ肌で触れて、味わってみてくだ
さい！

宍戸里佳

はじめに ……………………………… 2

本書の使いかた …………………… 8

音声ダウンロードについて ……… 10

キャラクター紹介 ………………… 10

Step 1 **まずはここから！ ドイツ語のキホン 12 カ条**

1 ドイツ語の特徴 …………………… 12

2 発音と読みかた …………………… 14

3 動詞の現在形 ……………………… 16

4 動詞の位置 ………………………… 18

5 ワク構造 …………………………… 20

6 動詞の現在完了形 ………………… 22

7 主文と副文 ………………………… 24

8 名詞の性と複数形 ………………… 26

9 名詞の格変化 ……………………… 28

10 疑問文 ……………………………… 30

11 否定文 ……………………………… 32

12 es を使った文 …………………… 34

練習問題 …………………………… 36

数字の読みかた …………………… 40

Step 2 **そのまま覚えればOK！ すぐに使えるあいさつ**

1 基本のあいさつ …………………… 42

2 初対面のあいさつ ………………… 44

3 別れと再会のあいさつ …………… 46

4 返事のことば ……………………… 48

5 食事のあいさつ …………………… 50

6 感謝のことば ……………………… 52

7 お詫びのことば …………………… 54

8 お祝いのことば …………………… 56

曜日や日付の言いかた …………… 58

Step 3 　押さえておきたい！ マストな超基本フレーズ

1 ..., bitte!
〜をください。 ································· 60

2 Ich möchte ...
〜がほしいです。 ······················· 62

3 Ich möchte ... 動詞の不定形.
〜したいです。 ························· 64

4 Darf ich ... 動詞の不定形？
〜してもいいですか？ ··············· 66

5 Wo ist ...?
〜はどこですか？ ····················· 68

6 Haben Sie ...?
〜はありますか？ ····················· 70

7 Was ist ...?
〜とは何ですか？ ····················· 72

8 Ist das ...?
これは〜ですか？ ····················· 74

9 Das ist mein ...
これは私の〜です。 ·················· 76

10 Ich habe kein ...
〜がありません。 ····················· 78

11 Gibt es hier ...?
この辺りに〜はありますか？ ········· 80

12 Kann man ... 動詞の不定形？
〜はできますか？ ····················· 82

13 Müssen wir ... 動詞の不定形？
〜しなくてはいけませんか？ ········· 84

14 Wir waren ...
〜に行きました。 ····················· 86

15 Wir haben ... 過去分詞.
〜をしました。 ························· 88

16 Wir sind ... 過去分詞.
〜へ出かけました。 ……………………… 90

17 ... hat mir gefallen.
〜が気に入りました。 ……………………… 92

18 Ich war ...
私は〜でした。 …………………………… 94

19 Wenn 〜 , ...
もし〜なら、… ……………………………… 96

20 ... , weil 〜
なぜなら〜だから… ……………………… 98

練習問題 ……………………………… 100
時間の言いかた …………………… 104

Step4 これで旅行もバッチリ！ 場面別定番フレーズ

イム フルークハーフェン
Im Flughafen 空港で ………………………… 106
1 空港内で使えるフレーズ ………………… 108
2 タクシー乗り場などで使えるフレーズ …… 110

イム ホテール
Im Hotel ホテルで ……………………………… 112
3 フロントで使えるフレーズ ……………… 114
4 ホテルのサービスに関するフレーズ …… 116
5 ホテルでのトラブルを伝えるフレーズ …… 118

イム レストラーン
Im Restaurant レストランで ………………… 120
6 注文に使えるフレーズ …………………… 122
7 食事を楽しむフレーズ …………………… 124
8 食後に使えるフレーズ …………………… 126

イン デン ゲシェフテン
In den Geschäften 店頭で …………………… 128
9 パン屋などで使えるフレーズ …………… 130
10 スーパーなどで使えるフレーズ…………… 132

Unterwegs ウンターヴェークス 移動中に ･･････････ 134

11 駅で使えるフレーズ ･･････････ 136

12 列車内で使えるフレーズ ･･････････ 138

Auf der Tour アウフ デア トゥーア 観光地めぐり ･･････ 140

13 観光案内所で使えるフレーズ ･･････ 142

14 観光地で使えるフレーズ ･･････ 144

Zu Hause ツー ハウゼ 家で ･････････････ 146

15 玄関先でのあいさつに使えるフレーズ ････ 148

16 知人との会話に使えるフレーズ ･････････ 150

Kommunikationsmittel コムニカツィオーンスミッテル 通信手段 ･････････ 152

17 電話に関するフレーズ ･････････ 154

18 インターネットに関するフレーズ ･･････ 156

19 郵便に関するフレーズ ･････････ 158

Probleme auf Reisen プロブレーメ アウフ ライゼン 旅行中のトラブル ･･････ 160

20 紛失・盗難の際に使えるフレーズ ･･････ 162

21 病院・薬局で使えるフレーズ ･･････ 164

22 とっさの時に使えるフレーズ ･･････ 166

覚えておきたい基礎単語 ･･････････ 168

動詞の活用表 ･････････････ 172

補足 2人称のduとihrについて ･････ 174

本書の使いかた

本書は、初級ドイツ語を4つのステップで学習します。
ダウンロードした音声を聞きながら、実際に使える
文法やフレーズを学んでいきましょう。

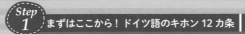

Step 1 まずはここから！ドイツ語のキホン12カ条

ドイツ語の発音や文法のルールを覚えましょう。

初級ドイツ語に欠かせない品詞の活用も覚えましょう。

Step 2 そのまま覚えればOK！すぐに使えるあいさつ

シチュエーション別によく使うあいさつを覚えましょう。

Step 3 — 押さえておきたい！ マストな超基本フレーズ

基本フレーズの
文章構造を理解
しましょう。

基本フレーズを
使う具体的な
ケースを見て
みましょう。

Step 4 — これで旅行もバッチリ！ 場面別定番フレーズ

イラストを
見ながら
語彙を増やし
ましょう。

シチュエーション
別に使える
フレーズを覚え
ましょう。

DL
0_00

【DLアイコン】

トラック番号を示しています。聞きたい音声ファイルを再生して、発音の
練習をしましょう。ダウンロード方法については P.10 をご覧ください。

音声ダウンロードについて

音声ファイルはナツメ社のウェブサイト(https://www.natsume.co.jp)の「オールカラー基礎からレッスンはじめてのドイツ語」のページよりダウンロードできます。

ファイルを開く際には以下のパスワードをご入力ください。
パスワード：ntm75224

ダウンロードした音声は、パソコンやスマートフォンの MP3 対応のオーディオプレーヤーで再生できます。

※ダウンロードした音声データは本書の学習用途のみにご利用いただけます。データそのものを無断で複製、改変、頒布(インターネット等を通じた提供を含む)、販売、貸与、商用利用はできません。
※ダウンロードした音声データの使用により発生したいかなる損害についても、著者及び株式会社ナツメ社、ナツメ出版企画株式会社は一切の責任を負いかねますのでご了承ください。

キャラクター紹介

ぼくといっしょにドイツ語を勉強しよう。

ナオトくん

ドイツ語を学びはじめた大学1年生。一人旅が趣味で、来年の夏休みにはドイツに行ってみたいと思っている。

楽しく学んでいきましょうね！

シュミット先生

語学学校でドイツ語を教えている先生。わかりやすい授業で生徒に人気。

※キャラクター設定および台詞は編集部によるものです。

Step 1

まずはここから！
ドイツ語のキホン 12 カ条

ドイツ語の特徴

英語と似ていたり、違っていたり…
まずはドイツ語の特徴をつかみましょう。

ドイツ語って、
なんだか難しそう…

勉強を始める前に、
まずはドイツ語の世界を
のぞいてみましょう！

ドイツ語学習のポイント

1 動詞が文の骨格を作ります！

■ 主語の人称によって動詞の形が変わります。活用をしっかり覚えましょう。

[→3. 動詞の現在形]

■ 動詞の位置が、英語とだいぶ違います。まずはしくみを理解しましょう。

[→4. 動詞の位置]

■ ドイツ語独特の構文として、動詞の一部や全体を文末に置くことがあります。

[→5. ワク構造][→7. 主文と副文]

2 名詞の役割（主語・目的語など）を格変化で表します！

■ すべての名詞に性があります。はじめのうちは丸暗記しましょう。

[→8. 名詞の性と複数形]

■ 名詞の性や格（役割）によって、冠詞（英語の a や the にあたるもの）が
さまざまに変化します。これもしっかり覚えましょう。　　[→9. 名詞の格変化]

3 すべてをはっきり発音します！

■ 基本はローマ字読みです。英語のように口の中でこもる音や、フランス語
のように読まない字はありません。　　　　　　　　[→2. 発音と読みかた]

■ 動詞の形や位置、名詞の性や格を多少間違えたとしても、十分に通じます。
間違いを恐れずに、堂々と発音しましょう！

アルファベット

　ドイツ語も、英語と同じ 26 文字のアルファベットを使います。自分の名前を綴るときに必要になるので、ドイツ語での読みかたを練習しておきましょう。母音（A, E, I, O, U）の読みかたはローマ字と同じです。

A a アー	B b ベー	C c ツェー	D d デー	E e エー	F f エフ	G g ゲー
H h ハー	I i イー	J j ヨット	K k カー	L l エル	M m エム	N n エヌ
O o オー	P p ペー	Q q クー	R r エール	S s エス	T t テー	U u ウー
V v ファオ	W w ヴェー	X x イックス	Y y ユプスィロン	Z z ツェット		

※ L は舌先で、R は喉の奥（または巻き舌）で発音します。
※ V は濁らず、W は濁ります。英語の逆ですね。

ウムラウト

　ドイツ語には、A、O、U の上に点々がついた文字が登場します。これはウムラウトといい、「発音が変化しますよ」というサインです。

	発音			発音
A a	アー	→	Ä ä	エー　（アとエの中間の音）
O o	オー	→	Ö ö	オェー（オとエの中間の音）
U u	ウー	→	Ü ü	ウュー（ウとイの中間の音）

※現在の辞書では、ä・ö・ü は a・o・u と同じ扱いで並んでいます。

エスツェット

　英語では見かけない、「ß」というドイツ語独特の文字があります。s と z を組み合わせた文字なので、エス・ツェットとよばれています。発音は ss と同じです（→ p.15）。

※辞書では、ß ＝ ss として並んでいます。

エスツェット

発音と読みかた

ドイツ語の発音ルールは意外にシンプルです。
あれこれ悩む前に、まずは声に出してみましょう。

ローマ字読みなら
できそうな気がします！

日本語読みに
つられないよう、
音声を聞いて、くり返し
練習しましょう！

発音の原則

1 基本はローマ字読みです。口をしっかり動かして、はっきり発音します。

ベルリーン
Berlin ベルリン　　バーゼル
Basel バーゼル　　ブレーメン
Bremen ブレーメン　　マインツ
Mainz マインツ

2 原則として第1音節にアクセントがあります。日本語読みにつられないでください。

ハムブルク
Hamburg ハンブルク　　ゲッティンゲン
Göttingen ゲッティンゲン

3 最後の子音にいたるまで、発音しない字はありません。最後まで読み上げましょう。

シュトゥットガルト
Stuttgart シュトゥットガルト　　フランクフルト
Frankfurt フランクフルト

※ ただし、h は読まないことがあります。

母音の例外

1 ei は「アイ」と読みます。

ハイデルベルク
Heidelberg ハイデルベルク　　ライプツィヒ
Leipzig ライプツィヒ

2 eu は「オイ」と読みます。

ドイチュ
Deutsch ドイツ語　　オイロ
Euro ユーロ（貨幣の単位）

3 ie は「イー」と読みます。

ヴィーン
Wien ウィーン　　キール
Kiel キール

子音の読みかた

1 s は原則として濁ります。

<u>S</u>alzburg ザルツブルク　　　　<u>S</u>olingen ゾーリンゲン

■ 後ろに母音がない場合の s は濁りません。

Dre<u>s</u>den ドレースデン　　　　Wie<u>s</u>baden ヴィースバーデン

■ ss・ß は濁りません。

Ka<u>ss</u>el カッセル　　　Stra<u>ß</u>e 通り　　　gro<u>ß</u> 大きい

■ t・p の前の s は「シュ」と読みます。

<u>S</u>tadt 町、市　　　<u>S</u>pree シュプレー川　　　<u>S</u>port スポーツ

2 sch は「シュ」、ch は「ヒ」または「ハ／ホ」になります。

<u>Sch</u>warzwald 黒い森　　　<u>sch</u>ön 素敵な、美しい　　　Tis<u>ch</u> 机

Züri<u>ch</u> チューリッヒ　　　Aa<u>ch</u>en アーヘン　　　Na<u>ch</u>t 夜

※ ch は2通りの発音のうち、前にある母音によって、どちらか発音しやすいほうになります。
「イ」「エ」のあと　→　口の前のほうで発音する「ヒ」　　echt（エヒト）本物の
「ア」「ウ」「オ」のあと　→　喉の奥で発音する「ハ／ホ」　auch（アウホ）〜も

読んでみよう！

❶ Schloss Neuschwanstein （ヒント：お城）

❷ Johann Sebastian Bach （ヒント：作曲家）

❸ Eine kleine Nachtmusik （ヒント：モーツァルトの作品）

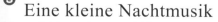

答　① シュロッス・ノイシュヴァーンシュタイン（ノイシュヴァンシュタイン城）
　　② ヨーハン・ゼバスティアン・バッハ（J．S．バッハ）
　　③ アイネ・クライネ・ナハトムズィーク（《アイネ・クライネ・ナハトムジーク（小夜曲）》）　15

動詞の現在形

> ドイツ語ではすべての人称で語尾が変化します。
> まずはこの語尾をしっかり覚えましょう。

ドイツ語の動詞って、語尾がいろいろに変化するそうですね！

そうですね。
でも、一度法則を
覚えてしまえば難しくは
ありませんよ。

動詞の不定形

ハイセン
heißen 〜という名である
語幹 語尾

ゲーエン
gehen 行く
語幹 語尾

　ドイツ語の不定形（英語でいう原形）は、語尾が -en（エン）で終わるのが特徴です。不定形から語尾 -en を取った形を、語幹（ごかん）といいます。

現在形の語尾

　動詞の語尾は、主語の人称によって変化し、「語幹＋語尾」という形になります。とはいっても、さしあたって覚える必要があるのは、次の３種類だけです。

「語幹＋-e」 → １人称単数のとき
「語幹＋-en」 → １人称複数、２人称単数・複数、３人称複数のとき
「語幹＋-t」 → ３人称単数のとき

　語尾に -en がつくときは不定形と同じ形なので、それ以外のとき（１人称単数・３人称単数）だけ気を付ければよい、ということになりますね。

現在形の活用

実際の動詞で活用させてみましょう。人称代名詞といっしょに覚えるようにしてください。

heißen「～という名である」	単数	複数
1人称	ich heiße 私は	wir heißen 私たちは
2人称	Sie heißen あなたは	Sie heißen あなたたちは
3人称	er / sie / es heißt 彼は 彼女は それは	sie heißen 彼らは / それらは

※ 3人称単数の er は男性名詞、sie は女性名詞、es は中性名詞を指します（名詞の性→ p.26）。
※ 2人称 Sie は敬称で、友人・家族以外の大人を相手に使います。語頭の S はつねに大文字で書きます。（敬称ではない2人称は単数 du（ドゥー）・複数 ihr（イーア）ですが、一般の旅行者はまず使う機会がないので、ここでは省きました。詳細は→ p.174）

Ich heiße ....

私の名前は……です。

Er heißt Rudi.

彼はルーディーといいます。

特殊な動詞の活用

英語の *be* 動詞にあたる sein は、不規則に活用します。

sein「～である」	単数	複数
1人称	ich bin	wir sind
2人称	Sie sind	Sie sind
3人称	er / sie / es ist	sie sind

Step1 4

動詞の位置

> いよいよ、ドイツ語独特の語順をひも解いていきます。
> 前の課で学んだ現在形の活用も、どんどん使っていきましょう。

ドイツ語では、
動詞（定形）が必ず
2番目に来るんです。

主語の後に動詞が
来るのは、英語と同じ
語順に見えますが…

「定形第2位」の原則

　主語に応じて活用した動詞を「定形」といいます。この定形がどんなときでも文の2番目に来る、というのがドイツ語の原則です。

1 主語で始まる文

イッヒ **ビン** **ホイテ** **イン** **ベルリーン**
Ich bin heute in Berlin.　私は今日ベルリンにいます。
　Ⅰ　　Ⅱ

主語がⅠ、動詞がⅡになります。（英語と同じ語順ですね！）

※ bin は sein 動詞の活用です。《ich bin》は英語の《I am》にあたります（→p.17）。

2 主語以外で始まる文

ホイテ **ビン** **イッヒ** **イン** **ベルリーン**
Heute bin ich in Berlin.　今日、私はベルリンにいます。
　Ⅰ　　Ⅱ

　主語以外のものがⅠ、動詞がⅡになり、主語が後回しになります。heute のような副詞から始まる文はドイツ語話者にとって自然に感じられるので、とても好まれます。

※文頭には、目的語や補語を置くこともできます。その語を強調したい場合に多くみられます。

主語と動詞が逆になる

現在形の復習も兼ねて、いくつかの文で動詞の位置を確認してみましょう。

例 <u>Ich</u> <u>fahre</u> heute nach Hamburg.　　私は今日ハンブルクへ行きます。
　　Ⅰ　　Ⅱ

❶ 主語を wir にすると？

<u>Wir</u> <u>fahren</u> heute nach Hamburg.　　私たちは今日ハンブルクへ行きます。
　Ⅰ　　　Ⅱ

※ ich では語幹＋ -e、wir では語幹＋ -en でしたね（→ p.16）。

❷ 文を副詞 heute で始めると？

<u>Heute</u> <u>fahre</u> ich nach Hamburg.　　今日、私はハンブルクへ行きます。
　Ⅰ　　　Ⅱ

※動詞 fahre を軸にして、前後が入れ替わります。

❸ 文を nach Hamburg で始めると？

<u>Nach Hamburg</u> <u>fahre</u> ich heute.　　ハンブルクへ、私は今日行くのです。
　　Ⅰ　　　　Ⅱ

※文末にあったものを文頭に持ってくると、その部分が強調されます。

練習してみよう！　　空欄に好きな飲み物を入れて、文を作ってみましょう。

Ich trinke gern ....．　　私は……を飲むのが好きです。

↓ 好きな飲み物を先に言うと？　　　　　　　　　※**直訳**「私は好んで……を飲みます。」

.... trinke ich gern.　　……を飲むのが私は好きです。

Kaffee コーヒー	Tee 紅茶	Schokolade ココア	Milch 牛乳
Apfelsaft リンゴジュース	Orangensaft オレンジジュース		Wasser 水
Wein ワイン	Bier ビール	Sekt シャンパン	Whiskey ウィスキー

ワク構造

ドイツ語には「文の重要な要素を文末に置く」という傾向があります。その結果、ドイツ語ならではの文型ができあがります。

動詞以外に、語順の決まりはあるのですか？

あります。定形と結びつきの強い語句は、文末に置くことが多いです。

▌ 目的語などを文末に置く ▌

　ドイツ語では、動詞と結びつきの強い語句を文末に置く傾向があります。このため、定形と文末の語句で作られたワクの中に、副詞などが挟まれた形になります。

1 行き先や目的語は、動詞と強く結びついている語句です。

イッヒ　トリンケ　ゲルン　ビーア
Ich trinke gern Bier.　　私はビールを飲むのが好きです。
　　　動詞 飲む　　　　目的語 ビールを

イッヒ　ファーレ　ホイテ　ナーハ　ハンブルク
Ich fahre heute nach Hamburg.　　私は今日ハンブルクへ行きます。
　　　動詞 行く　　　　行き先 ハンブルクへ

2 sein 動詞と場所も、強く結びつくペアを作ります。

イッヒ　ビン　ツム　エアステン　マール　イン　ドイチュラント
Ich bin zum ersten Mal in Deutschland.　ドイツに来たのは初めてです。
　　動詞 sein　　　　　　　　場所 ドイツに　　直訳「私は初めてドイツにいます。」

3 補語も、動詞と強く結びつく語です。補語がないと、文が成り立たないからです。

ダス　イスト　フィーライヒト　ツー　グロース
Das ist vielleicht zu groß.　それは大きすぎるかもしれない。
　　動詞 sein　　　　　　補語 大きすぎる　直訳「それはもしかしたら大きすぎる。」

※ ist は sein 動詞の 3 人称単数です。《das ist》は英語の〈this is〉にあたります（→ p.17）。
※ zu ＋形容詞 は英語の too ＋形容詞にあたり、「あまりに…すぎる」を意味します。

分離動詞

不定形では1語なのに、現在形では2語に分離する動詞を分離動詞といいます。「前綴リ」(まえつづリ)（分離した前半部分）は文末に置かれ、動詞本体とワク構造を作ります。

アウフシュテーエン
aufstehen　起きる

イッヒ　シュテーエ　モールゲン　ウム　ズィーベン　ウーア　アウフ
➡ **Ich stehe morgen um 7 Uhr auf.**　私は明日7時に起きます。
[動詞]　　　　　　　　　　　　　　　　　　[前綴リ]

アプファーレン
abfahren　出発する

ヴィア　ファーレン　フォン　グライス　フュンフ アプ
➡ **Wir fahren von Gleis 5 ab.**　私たちは5番線から出発します。
[動詞]　　　　　　　　[前綴リ]

話法の助動詞

助動詞（下記コラム参照）を使うときは、組み合わせる不定形が文末に置かれます。

イッヒ　ムス　モールゲン　ウム ズィーベン ウーア　アウフシュテーエン
Ich muss morgen um 7 Uhr aufstehen.　私は明日7時に起きなくてはならない。
[助動詞]　　　　　　　　　　　　　　　[不定形]

イッヒ　メヒテ　ゲルン　ビーア　トリンケン
Ich möchte gern Bier trinken.　私はぜひビールが飲みたいです。
[助動詞]　　　　　　　　[不定形]

話法の助動詞の現在形

英語の *must* や *can* にあたるものを「話法の助動詞」といいます。一般の動詞と違って1人称単数と3人称単数の形が同じになります。（これ以外の話法の助動詞については→ p.66）

		ich / er	wir / Sie / sie
ミュッセン müssen	～しなければならない	ムス muss	ミュッセン müssen
ケンネン können	～できる	カン kann	ケンネン können
デュルフェン dürfen	～してもよい	ダルフ darf	デュルフェン dürfen

※上の例文にある möchte（メヒテ）は助動詞 mögen（モェーゲン）「～が好きだ」の特殊な形です。「～がほしい」という意味になります。

Step1 6

DL 1_06

動詞の現在完了形

> 過去のことを言うときに、ドイツ語では現在完了形を使います。
> やはりワク構造を作るので、リズムに慣れていきましょう。

過去形ではなく、
現在完了形を
学ぶんですか？

ドイツ語では、
過去のことを言うときに
現在完了形を
使うんです。

現在完了形の作りかた

会話で過去のことを言うとき、ドイツ語では現在完了形を使うのが基本です。

現在完了形 = haben（または sein）＋過去分詞

※ haben（ハーベン）は英語の *have* にあたる動詞ですが、ここでは助動詞として使っています。haben の現在形は、3人称単数で特殊な形になります。ich　habe（ハーベ）　　wir / Sie / sie　haben（ハーベン）　　er / sie / es　hat（ハット）

haben（または sein）と過去分詞はワク構造を作ります。目的語・行き先・副詞などはすべてその間に入ります。

イッヒ　ハーベ　ドルト　ヴァイン　ゲカウフト
Ich habe dort Wein gekauft.　　私はあそこでワインを買いました。
　　　　　　　　　過去分詞

ヴィア　ズィント　ホイテ　ナーハ　ハムブルク　ゲファーレン
Wir sind heute nach Hamburg gefahren.　私たちは今日ハンブルクへ行きました。
　　　　　　　　　　　　　　　過去分詞

■ 現在完了形を作るときに haben ではなく sein を使う動詞は、次の通りです。
（ほとんどの動詞は haben を使います。）

❶ 場所の移動を表すもの　　ゲーエン　　　　　　ファーレン
　　　　　　　　　　　　　gehen　行く　　**fahren**　乗り物で行く　など

❷ 状態の変化を表すもの　アウフシュテーエン　　　　　ヴェアデン
　　　　　　　　　　　　aufstehen　起きる　　**werden**　〜になる　など

過去分詞の作りかた

過去分詞の基本形は ge-----t です。※ ----- には動詞の語幹が入ります

kaufen 買う ➡ **gekauft**（カウフェン → ゲカウフト）　　**machen** 作る、する ➡ **gemacht**（マッヘン → ゲマハト）

■ 不規則動詞の過去分詞は、ge-----n の形になります。語幹が変化することもあります。

fahren 乗り物で行く ➡ **gefahren**（ファーレン → ゲファーレン）　　**trinken** 飲む ➡ **getrunken**（トリンケン → ゲトルンケン）

■ 分離動詞の過去分詞は、前綴りと動詞本体の間に ge- が入ります。

einkaufen 買い物をする ➡ **eingekauft**（アインカウフェン → アインゲカウフト）

abfahren 出発する ➡ **abgefahren**（アプファーレン → アプゲファーレン）

※過去分詞に ge- がつかない動詞もあります。
bestellen（ベシュテレン）「注文する」→ bestellt（ベシュテルト）
vergessen（フェアゲッセン）「忘れる」→ vergessen（フェアゲッセン）

過去形を使うとき

sein や haben など一部の動詞では、過去のことを言うときに過去形も使われます。

	ich / er	wir / Sie / sie
sein の過去形（ザイン）	war（ヴァー）	waren（ヴァーレン）
haben の過去形（ハーベン）	hatte（ハッテ）	hatten（ハッテン）

過去形の語順は、現在形と同じです。

Ich war gestern in Berlin.（イッヒ ヴァー ゲスタン イン ベルリーン）　私は昨日ベルリンにいました。

主文と副文

> ドイツ語の語順の総仕上げです。日本語と同じように、
> 動詞が文末に置かれる文を見ていきます。

「〜なので…します」の
ような文は、どのように
言えば良いですか？

英語の that のような
接続詞を使います。
ただし語順に
要注意です。

副文の特徴

　副文とは、英語の従属節のように、条件や理由など副次的な内容を表す文のことです。ドイツ語の副文は動詞が文末に置かれるので、一目で見分けがつきます。

※副文ではない文を主文といいます。「定形第2位」を原則とする文のことです（→ p.18）。

1 副文は従属接続詞で始まり、動詞で終わります。目的語・行き先・副詞などは、すべて間に入ります。副文の前後は、必ずコンマで区切ります。

主文
イッヒ　ファーレ　ホイテ　ナーハ　ハムブルク　　　　副文　ヴァイル　イッヒ　ツァイト　ハーベ
Ich fahre heute nach Hamburg, **weil ich Zeit habe**.
動詞　　　　　　　　　　　　　　　　　　　　　従属接続詞 〜なので　　　　動詞

時間があるので、私は今日ハンブルクへ行きます。

2 副文から始まる場合、後続の主文は動詞→主語の順になります。
　（副文は副詞と同じ扱いを受けるためです。）

副文　ヴェン　イッヒ　ツァイト　ハーベ　　主文　ファーレ　イッヒ　ホイテ　ナーハ　ハムブルク
Wenn ich Zeit habe, **fahre ich heute nach Hamburg**.
従属接続詞 〜ならば／〜するとき 動詞　　動詞

時間があれば、私は今日ハンブルクへ行きます。

dassを使った副文

従属接続詞 dass（ダス）は、名詞の働きをもつ副文を作ります。英語の*that*と同じですね。

主文 副文
Ich hoffe, **dass es Spaß macht**.
イッヒ ホッフェ ダス エス シュパース マハト
動詞 従属接続詞 動詞

楽しめるといいなあ。

直訳「私はそれが楽しいことを望みます。」

練習してみよう！

今までに出てきた文を、weil（ヴァイル）を使った副文にしてみましょう。いずれも、「……だから」という理由を述べる文になります。

❶
イッヒ トリンケ ゲルン ビーア
Ich trinke gern Bier. 私はビールを飲むのが好きです。

→ Weil ich _____ trinke, …… 私はビールを飲むのが好きなので、……

❷
ダス イスト フィーライヒト ツー グロース
Das ist vielleicht zu groß. それは大きすぎるかもしれない。

→ Weil das _____ ist, …… それは大きすぎるかもしれないので、……

❸
イッヒ シュテーエ モールゲン ウム ズィーベン ウーア アウフ
Ich stehe morgen um 7 Uhr auf. 私は明日7時に起きます。

→ Weil ich _____ aufstehe, …… 私は明日7時に起きるので、……

❹
イッヒ ムス モールゲン ウム ズィーベン ウーア アウフシュテーエン
Ich muss morgen um 7 Uhr aufstehen. 私は明日7時に起きなくてはならない。

→ Weil ich _____ muss, …… 私は明日7時に起きなくてはならないので、……

❺
イッヒ ハーベ ドルト ヴァイン ゲカウフト
Ich habe dort Wein gekauft. 私はあそこでワインを買いました。

→ Weil ich _____ habe, …… 私はあそこでワインを買ったので、……

※ワク構造をとっている文（❸❹❺）では、ワク構造が崩れます。

答 ① (Weil ich) gern Bier (trinke, ...) ② (Weil das) vielleicht zu groß (ist, ...)
③ (Weil ich) morgen um 7 Uhr (aufstehe, ...) ④ (Weil ich) morgen um 7 Uhr aufstehen (muss, ...)
⑤ (Weil ich) dort Wein gekauft (habe, ...)

名詞の性と複数形

英語との違いは、名詞にもあります。まずは、
名詞に性があることから慣れていきましょう。

人だけでなく、すべての
名詞に性別が
あるんですか？

そうです。
1つずつ地道に覚えて
いきましょうね。

名詞の性と定冠詞

ドイツ語の名詞には性の区別があります。どの名詞も必ず、男性名詞・女性名詞・中性名詞のいずれかに分類されます。

デア　ツーク
der Zug 列車
男性名詞

ティー　シュトラーセ
die Straße 通り
女性名詞

ダス　ハウス
das Haus 家
中性名詞

ドイツ語の定冠詞（英語のtheにあたるもの）は性ごとに異なります。定冠詞といっしょに唱えて、名詞の性を覚えましょう。

男性名詞の定冠詞	der （デア）
女性名詞の定冠詞	die （ディー）
中性名詞の定冠詞	das （ダス）

■ ドイツ語では、名詞はすべて大文字で書き始めます。

■「人」に関しては、基本的にその人の性と一致しますが、いくつか例外があります。以下はいずれも中性名詞です。

ダス　メーチヒェン
das Mädchen 少女

ダス　キント
das Kind 子ども

ダス　ベービー
das Baby 赤ん坊

不定冠詞

「1つの」を表す不定冠詞（英語のaにあたるもの）も、性によって異なります。

アイン　ツーク
ein Zug 列車
男性名詞

アイネ　シュトラーセ
eine Straße 通り
女性名詞

アイン　ハウス
ein Haus 家
中性名詞

男性名詞・中性名詞の不定冠詞	ein （アイン）
女性名詞の不定冠詞	eine （アイネ）

名詞の複数形

　名詞の複数形は、いくつかのパターンがあります。複数形の定冠詞 die といっしょに唱えて覚えましょう。（複数形では、定冠詞は性に関わらずすべて die になります。）

❶ 単複同形のもの

デア　レーラー　　　ティー　レーラー
der Lehrer — die Lehrer 教師

ダス　ツィンマー　　ティー　ツィンマー
das Zimmer — die Zimmer 部屋

❷ 語尾をつけるもの → -(e)n、-e、-er、-s の4通り

ティー　シュトラーセ　　ティー　シュトラーセン
die Straße — die Straßen 通り

デア　ホント　　　ティー　ホウンデ
der Hund — die Hunde 犬

ダス　キント　　　ティー　キンダー
das Kind — die Kinder 子ども

ダス　アウトー　　ティー　アウトース
das Auto — die Autos 自動車

❸ ウムラウトをつけるもの（さらに②の語尾がつくものもあります）

デア　アプフェル　　ティー　エプフェル
der Apfel — die Äpfel りんご

デア　ツーク　　ティー　ツューゲ
der Zug — die Züge 列車

ダス　ハウス　　　ティー　ホイザー
das Haus — die Häuser 家

ティー　ハント　　ティー　ヘンデ
die Hand — die Hände 手

■規則性を気にするよりも、はじめのうちは1つずつ覚えてしまいましょう！

Step1
9
名詞の格変化

「格」は、ドイツ語の文を作るうえで基礎となるものです。
少々ややこしいとは思いますが、
やみくもに覚えようとせず、まずは理解して下さい。

性以外にも、冠詞が
変化することが
あるんですか？

「格」によっても
冠詞は変わるんです。

■ ドイツ語の「格」

ドイツ語は「格」によってその語句の文中での役割を表現します。名詞の形は変わらないので、冠詞の形を変化させることで、どの格なのかを示します。

1 1格は「～は／が」を表す主語になります。前の課で学習した形ですね。

1格	男性名詞「列車」	女性名詞「通り」	中性名詞「家」	複数形「列車」
定冠詞	デア ツーク der Zug	ディー シュトラーセ die Straße	ダス ハウス das Haus	ディー ツューゲ die Züge
不定冠詞	アイン ツーク ein Zug	アイネ シュトラーセ eine Straße	アイン ハウス ein Haus	——

デア ツーク コムト
Der Zug kommt.　列車が来る。
<u>1格</u>

2 4格は「～を」を表す目的語になります。男性名詞以外は、1格と同じ形ですね。

4格	男性名詞「列車」	女性名詞「通り」	中性名詞「家」	複数形「列車」
定冠詞	デン ツーク den Zug	ディー シュトラーセ die Straße	ダス ハウス das Haus	ディー ツューゲ die Züge
不定冠詞	アイネン ツーク einen Zug	アイネ シュトラーセ eine Straße	アイン ハウス ein Haus	——

イッヒ ネーメ デン ツーク
Ich nehme den Zug.　私はその列車を利用する。
<u>4格</u>

　※2格は本書では割愛します。「～の」を表す所有格などになります。

3 3格は「〜に」を表す間接目的語になります。冠詞の形が特徴的ですね。

3格	男性名詞「列車」	女性名詞「通り」	中性名詞「家」	複数形「列車」
定冠詞	デム ツーク dem Zug	デア シュトラーセ der Straße	デム ハウス dem Haus	デン ツューゲン den Zügen
不定冠詞	アイネム ツーク einem Zug	アイナー シュトラーセ einer Straße	アイネム ハウス einem Haus	——

※複数形の3格では、名詞の語尾にも -n がつきます。

※格は語順が変わっても変化しないので、主語・目的語の判別に役立ちます。

[1格]Da kommt der Zug. そこに列車が来るよ。　　[4格]Den Zug nehme ich. その列車を私は利用します。

人称代名詞

人称代名詞は、初級会話でいちばん身近な格変化でしょう。「だれに」「だれを」などと言うときに大活躍します。

	単数					複数		
	1人称	2人称	3人称			1人称	2人称	3人称
			男性	女性	中性			
1格	イッヒ ich	ズィー Sie	エア er	ズィー sie	エス es	ヴィア wir	ズィー Sie	ズィー sie
3格	ミア mir	イーネン Ihnen	イーム ihm	イーア ihr	イーム ihm	ウンス uns	イーネン Ihnen	イーネン ihnen
4格	ミッヒ mich	ズィー Sie	イーン ihn	ズィー sie	エス es	ウンス uns	ズィー Sie	ズィー sie

イッヒ ゲーベ イーネン ディー カルテ
Ich gebe Ihnen die Karte. 私はあなたにカードをあげます。
1格　　　3格

前置詞
と格

格は前置詞を使うときにも必要になります。ドイツ語の前置詞は、続く名詞を3格か4格にして使います。どの格を使うかは前置詞によって決まっています（→ p.168）。

※ auf, in など一部の前置詞は、3格と4格の両方が使えます。

イッヒ ファーレ ミット デム ツーク
Ich fahre mit dem Zug.
前置詞 mit + 3格
私は列車で行きます。

エア ゲート アウフ ディー シュトラーセ
Er geht auf die Straße.
前置詞 auf + 4格
彼は通りへ出ていく。

疑問文

> ドイツ語の疑問文は、とても簡単に作れます。
> 質問に便利な疑問詞も、あわせて覚えておきましょう。

ドイツ語の
疑問文って英語よりも
簡単ですね！

疑問詞も覚えると
さらに便利ですよ。

疑問文の作りかた

ドイツ語の疑問文は、動詞を文頭に持ってきます。残りの語順はそのままです。

イスト　エア　ホイテ　イン　ベルリーン
Ist er heute in Berlin?　彼は今日ベルリンにいますか？

トリンケン　ズィー　ゲルン　ビーア
Trinken Sie gern Bier?　ビールを飲むのは好きですか？

練習してみよう！

疑問文にしてみましょう。

❶
ズィー　シュプレッヒェン　ドイチュ
Sie sprechen Deutsch.　あなたはドイツ語を話します。

→ .... Deutsch?　あなたはドイツ語を話しますか？

❷
ズィー　メヒテン　ビーア　トリンケン
Sie möchten Bier trinken.　あなたはビールを飲みたい。

→ .... Bier trinken?　あなたはビールを飲みたいですか？

❸
ヴィア　ハーベン　ショーン　ヴァイン　ゲカウフト
Wir haben schon Wein gekauft.　私たちはもうワインを買いました。

→ .... schon Wein gekauft?　私たちはもうワインを買いましたか？

※主語と動詞の語順を入れ替えるだけで、残りはそのまま続けます。
※ワク構造をとる文（❷❸）でも、ワク構造は崩れません。

答　① Sprechen Sie (Deutsch?)　② Möchten Sie (Bier trinken?)　③ Haben wir (schon Wein gekauft?)

疑問詞

ドイツ語の疑問詞は、すべて w から始まります。

ヴェア Wer … ? だれが？	ヴァス Was … ? 何が？／何を？	ヴァン Wann … ? いつ？
ヴォー Wo … ? どこで？	ヴォーヒン Wohin ...? どこへ？	ヴィー Wie … ? どのように？
ヴァルーム Warum … ? なぜ？	ヴィー フィール Wie viel … ? どのくらい？	

※疑問詞 wer は格変化をします。wer は1格です。
1格（だれが？）wer（ヴェア）　　3格（だれに？）wem（ヴェーム）　　4格（だれを？）wen（ヴェーン）

疑問詞を使った疑問文

疑問詞を使った疑問文は、疑問詞→動詞→主語の語順になります。
（wer を使う場合は、疑問詞（＝主語）→動詞となります。）

ヴェア　ハット　アングルーフェン
Wer hat angerufen?　だれが電話してきたの？

ヴァン　ファーレン　ヴィア　アプ
Wann fahren wir ab?　いつ出発しますか？

ヴォーヒン　ファーレン　ズィー　ホイテ
Wohin fahren Sie heute?　今日はどちらへ行かれますか？

ヴァルーム　イスト　ダス　ゾー　トイアー
Warum ist das so teuer?　なぜこんなに値段が高いの？

便利な表現　よく使う疑問文は、まるごと覚えておくといいですね。

ヴィー　フィール　ウーア　イスト　エス
Wie viel Uhr ist es?
何時ですか？

ヴィー　フィール　コステット　ダス
Wie viel kostet das?
この値段はいくらですか？

Step1 11

否定文

DL 1_11

> ドイツ語文を否定するには、2つの方法があります。
> nicht の位置と、kein の格変化がポイントです。

名詞を否定する
ときには否定冠詞を
使います。

冠詞ということは、
これも格変化
するんですね……

否定の副詞 nicht

通常の文は、英語の *not* にあたる nicht を挿入することで否定します。入れる場所は、文末が基本です。

デア	ツーク	コムト	ニヒト

Der Zug kommt nicht.　列車が来ない。

ヴィア	トリンケン	ホイテ	ニヒト

Wir trinken heute nicht.　私たちは、今日は（アルコールを）飲みません。

1 ワク構造をとる文や、動詞の関連語が文末に来る文では、文末の直前に入ります。

イッヒ ビン ホイテ ニヒト イン ベルリーン
Ich bin heute nicht in Berlin.　私は今日ベルリンにいません。

ヴィア ハーベン ホイテ ニヒト ゲトルンケン
Wir haben heute nicht getrunken.　私たちは、今日は飲んでいません。[現在完了形]

2 副文（→ p.24）でも、nicht は文末の直前に入ります。

ヴァイル デア ツーク ニヒト コムト
Weil der Zug nicht kommt.　列車が来ないから。

■ 特定の語句を否定する場合は、その語句の直前に入ります。

ヴィア シュテーエン モールゲン ニヒト ウム ズィーベン ウーア アウフ
Wir stehen morgen nicht um 7 Uhr auf.

私たちが明日起きるのは7時ではありません。[um 7 Uhr を否定]

否定冠詞 kein（カイン）

文中の名詞を否定したいときは、否定冠詞 kein を名詞の前につけます。英語の *no ＋名詞* のような形になります。

> **Wir haben keine Zeit.**
> ヴィア　ハーベン　カイネ　ツァイト
>
> 私たちは時間がありません。

Ich möchte heute kein Bier trinken.
イッヒ　メヒテ　ホイテ　カイン　ビーア　トリンケン

今日はビールを飲みたくありません。

kein は冠詞なので格変化をします。上の例は、haben・trinken の目的語になっているので、どちらも4格です。（不定冠詞 ein と同じ変化です。語尾を比べてみてください。→ p.28）

	男性名詞「ワイン」	女性名詞「時間」	中性名詞「ビール」	複数形「列車」
1格	kein Wein（カイン ヴァイン）	keine Zeit（カイネ ツァイト）	kein Bier（カイン ビーア）	keine Züge（カイネ ツューゲ）
4格	keinen Wein（カイネン ヴァイン）	keine Zeit（カイネ ツァイト）	kein Bier（カイン ビーア）	keine Züge（カイネ ツューゲ）

答えてみよう！

否定文で答えてください。「いいえ」は Nein.（ナイン）と言います。

❶
Fährt der Zug nach Hamburg?
フェーアト　デア　ツーク　ナーハ　ハムブルク
　この列車はハンブルクへ行きますか？

→ Nein, der Zug fährt ＿＿＿＿＿＿＿＿＿＿＿＿＿＿＿＿＿＿＿＿＿＿＿＿＿.

※ fahren は不規則動詞です。3人称単数の現在形で a → ä と音が変わります。（→ p.173）

❷
Trinken Sie gern Bier?
トリンケン　ズィー　ゲルン　ビーア
　ビールを飲むのは好きですか？

→ Nein, ich trinke ＿＿＿＿＿＿＿＿＿＿＿＿＿＿＿＿＿＿＿＿＿＿＿＿＿.

❸
Haben wir Wein gekauft?
ハーベン　ヴィア　ヴァイン　ゲカウフト
　私たちはワインを買いましたか？

→ Nein, wir haben ＿＿＿＿＿＿＿＿＿＿＿＿＿＿＿＿＿＿＿＿＿＿＿＿＿.

答　① (Nein, der Zug fährt) nicht nach Hamburg. （「行き先」が文末に来るので nicht はその前に来ます。）
　② (Nein, ich trinke) nicht gern Bier. （gern「喜んで」を否定します。）
　③ (Nein, wir haben) keinen Wein gekauft. （男性4格になります。）

33

es を使った文

英語の *it* と同じように、es は非人称の構文を作ります。
いくつかパターンを覚えておきましょう。

英語の〈*It is raining.*〉
(雨が降っている) のような文、
ということですね。

そうです。
ドイツ語は主語が文頭に
来ない場合もあるので
注意しましょう。

自然現象を表す es

　天候や時間など自然現象を表す文で、es が主語になります。動詞の形は、
3人称単数になります。

1 es ＋ sein 動詞

エス イスト シェーン **Es ist schön.** 良い天気だ。	エス イスト ゾンマー **Es ist Sommer.** 夏です。
エス イスト フリュー シュペート **Es ist früh / spät.** 時間が早い／遅い。	エス イスト ノイン ウーア **Es ist neun Uhr.** 9時です。

■時刻をたずねる疑問文（→ p. 31）も、この es を主語にした文です。

ヴィー フィール ウーア イスト エス
Wie viel Uhr ist es?　何時ですか？

2 es ＋ 特定の動詞

エス レークネット **Es regnet.** 雨が降っている。	エス シュナイト **Es schneit.** 雪が降っている。
エス ドンネアト **Es donnert.** 雷が鳴っている。	エス ブリッツト **Es blitzt.** 稲妻が光っている。

生理現象・心理状態を表す es

　基本的な考えかたは自然現象の es と同じです。特定の動詞と結びついたり、sein 動詞といっしょに使ったりします。

1 es ＋ sein 動詞

　生理現象や心理状態を「感じる人」（日本語訳では主語にあたる人）は、3格で表します。

Es ist mir warm.　私は暑い。
　　　3格

Es ist mir übel.　私は気分が悪い。
　　　3格

es が文頭に来ない場合は、es を省略することができます。

Mir ist warm.　私は暑い。
3格

Mir ist übel.　私は気分が悪い。
3格

※文法上、主語がない文になります。

2 es ＋ 特定の動詞

　「感じる人」は、動詞によって3格か4格で表します。

Es graut mir.　私はぞっとする。
　　　　3格

Es friert mich.　私は凍えそうだ。
　　　　　4格

es が文頭に来ない場合は、やはり es を省略することができます。

Mir graut.　私はぞっとする。
3格

Mich friert.　私は凍えそうだ。
4格

熟語表現の es ▶ 非人称の es を使った重要表現を紹介します。ここに挙げた文の es は省略できません。

❶ es geht ＋ 3格（人）＋ gut で、「（人）が元気だ」を表します。

Es geht mir gut.　私は元気です。
　　　　3格

Wie geht es Ihnen?　お元気ですか？
　　　　　　　3格　　　（→ p.46）

❷ es gibt ＋ 4格で、「～がある／いる」を表します。

Es gibt einen Zug nach Hamburg.　ハンブルク行きの列車がある。
　　　　　4格

練習問題

1．指定された動詞を主語に合った現在形にしましょう。

(1) sein〔ザイン〕「〜である」 sein 動詞の活用を思い出しましょう。

❶ Ich〔イッヒ〕〔　　　　　　　　〕Japaner〔ヤパーナー〕/ Japanerin〔ヤパーネリン〕.　私は日本人です。

語彙 Japanerin は Japaner の女性形です。女性はこちらを使います。

❷ Der Zug〔デア ツーク〕〔　　　　　　　　〕schon da〔ショーン ダー〕.　列車はもう来ています。

❸〔　　　　　　　　〕Sie verheiratet〔ズィー フェアハイラーテット〕?　あなたは結婚されていますか？

❹ Wir〔ヴィア〕〔　　　　　　　　〕schon bereit〔ショーン ベライト〕.　私たちはもう用意ができています。

(2) haben〔ハーベン〕「持っている」　haben は 3 人称単数以外は規則的な変化をします。

❶ Ich〔イッヒ〕〔　　　　　　　　〕eine Schwester〔アイネ シュヴェスター〕.　私には妹（または姉）がいます。

❷〔　　　　　　　　〕Sie Kinder〔ズィー キンダー〕?　あなたにはお子さんがいますか？

❸ Der Mann〔デア マン〕〔　　　　　　　　〕lange Haare〔ランゲ ハーレ〕.　その男の人の髪は長い。

❹ Wir〔ヴィア〕〔　　　　　　　　〕Hunger〔ホゥンガー〕.　私たちはお腹がすいている。

(3) sprechen〔シュプレッヒェン〕「話す」　sprechen は不規則動詞で、3 人称単数で語幹が i になります。

❶ Ich〔イッヒ〕〔　　　　　　　　〕Englisch〔エングリッシュ〕.　私は英語が話せます。

❷〔　　　　　　　　〕Sie Deutsch〔ズィー ドイチュ〕?　あなたはドイツ語が話せますか？

❸ Die Frau〔ディー フラウ〕〔　　　　　　　　〕mit einem Kind〔ミット アイネム キント〕.　その女の人は子どもと話している。

❹ Wir〔ヴィア〕〔　　　　　　　　〕über das Essen〔ウゥーバー ダス エッセン〕.　私たちは食事について話している。

※❶❷は「〜を話す」という他動詞、❸❹は前置詞句を伴った自動詞です。

２．ヒントを参考に、適切な冠詞を選びましょう。

(1) 定冠詞

❶ Das ist 〔der · die〕 Marktplatz.　これはマルクト広場です。
ダス　イスト　　デア　ディー　マルクトプラッツ

> **ヒント** Marktplatz（マルクト広場）は男性名詞です。「これは〜です」の補語（「〜」の部分）は１格になります。

❷ Wir sehen 〔den · das〕 Rathaus.　市庁舎が見えます。
ヴィア　ゼーエン　デン　ダス　ラートハウス

> **ヒント** Rathaus（市庁舎）は中性名詞です。動詞 sehen（〜を見る）は４格の目的語をとります。

❸ 〔Der · Das〕 Museum steht neben 〔das · dem〕 Rathaus.
デア　ダス　ムゼーウム　シュテート　ネーベン　ダス　デム　ラートハウス
> 博物館は市庁舎の隣にあります。

> **ヒント** ● Museum（博物館）は中性名詞です。ここでは主語なので１格になります。
> ● Rathaus（市庁舎）は中性名詞でしたね。前置詞 neben のあとは３格です。

❹ Das Museum gehört 〔der · dem〕 Stadt.　博物館は市が所有しています。
ダス　ムゼーウム　ゲヘールト　デア　デム　シュタット

> **ヒント** Stadt（市）は女性名詞です。動詞 gehören（〜に属する）は３格の目的語をとります。

(2) 不定冠詞

❶ 〔Ein · Eine〕 Frau steht dort.　女の人が一人、そこに立っている。
アイン　アイネ　フラウ　シュテート　ドート

> **ヒント** Frau（女性）はもちろん女性名詞ですね。主語なので１格になります。

❷ Machen wir 〔ein · einen〕 Spaziergang?　散歩をしましょうか。
マッヘン　ヴィア　アイン　アイネン　シュパツィーアガング

> **ヒント** Spaziergang（散歩）は男性名詞です。動詞 machen（〜をする）は４格の目的語をとります。

❸ Sie gehen mit 〔einem · einer〕 Tasche herum.　彼らはカバンを持って歩き回っている。
ズィー　ゲーエン　ミット　アイネム　アイナー　タッシェ　ヘルム

> **ヒント** Tasche（カバン）は女性名詞です。前置詞 mit のあとは３格です。

答え合わせが終わったら
声に出して発音の
練習をしましょう！

3. （　　）内の語句を正しい語順に並べ替えましょう。

(1) 彼女は上手にドイツ語を話します。（gut / Deutsch / spricht）

➡ Sie _____ .

(2) 今晩、彼は映画館へ行きます。（er / ins Kino / geht）

➡ Heute Abend _____ .

(3) 明日あなたは何時に起きますか？（morgen / Sie / stehen ... auf）

➡ Um wie viel Uhr _____ ?

ヒント 分離動詞 aufstehen は文中で stehen…auf の形になります。

(4) 私たちは博物館を見学したいです。（das Museum / besichtigen / möchten）

➡ Wir _____ .

(5) 私はホテルに残りました。（im Hotel / bin ... geblieben）

➡ Ich _____ .

ヒント 過去に起きたことは現在完了形で表します。

(6) 私たちは食べすぎてしまったので。（wir / zu viel / haben ... gegessen）

➡ Weil _____ .

ヒント 副文の中を現在完了形にします。

(7) それは私にはわかりません。（ich / weiß / nicht）

➡ Das _____ .

解答

1. (1) ❶ bin ^{ビン}　❷ ist ^{イスト}　❸ Sind ^{ズィント}　❹ sind ^{ズィント}

   (2) ❶ habe ^{ハーベ}　❷ Haben ^{ハーベン}　❸ hat ^{ハット}　❹ haben ^{ハーベン}

   (3) ❶ spreche ^{シュプレッヒェ}　❷ Sprechen ^{シュプレッヒェン}　❸ spricht ^{シュプリヒト}　❹ sprechen ^{シュプレッヒェン}

2. (1) ❶ der　❷ das　❸ Das / dem　❹ der

   (2) ❶ Eine　❷ einen　❸ einer

3. (1) (Sie) spricht gut Deutsch.
   <small>ズィー　シュプリヒト　グート　ドイチュ</small>

   ■ 目的語は最後に置かれるのでしたね。副詞 gut が間に入ります（→ p.20）。

   (2) (Heute Abend) geht er ins Kino.
   <small>ホイテ　アーベント　ゲート　エア　インス　キーノー</small>

   ■ 副詞が文頭にある場合、「動詞→主語」となるのでしたね（→ p.18）。

   (3) (Um wie viel Uhr) stehen Sie morgen auf?
   <small>ウム　ヴィー　フィール　ウーア　シュテーエン　ズィー　モールゲン　アウフ</small>

   ■ 分離動詞は文中で離れ、分離した部分が文末に来ます（→ p.21）。

   (4) (Wir) möchten das Museum besichtigen.
   <small>ヴィア　メヒテン　ダス　ムゼーウム　ベズィヒティゲン</small>

   ■ 話法の助動詞もワク構造を作るので、目的語が間に入ります（→ p.21）。

   (5) (Ich) bin im Hotel geblieben.
   <small>イッヒ　ビン　イム　ホテール　ゲブリーベン</small>

   ■ 現在完了形も、ワク構造を作るのでしたね（→ p.22）。
   ■ 動詞 bleiben（残る、とどまる）は現在完了形で sein を使います。

   (6) (Weil) wir zu viel gegessen haben.
   <small>ヴァイル　ヴィア　ツー　フィール　ゲゲッセン　ハーベン</small>

   ■ weil は従属接続詞なので、副文になります。文末に来るのは、主語に応じて形を変えている動詞です。ここでは haben ですね（→ p.24）。

   (7) (Das) weiß ich nicht.
   <small>ダス　ヴァイス　イッヒ　ニヒト</small>

   ■ 目的語で始まっているので、「動詞→主語」となります（→ p.18）。
   ■ 否定の副詞 nicht は、基本的に文末に置くのでしたね（→ p.32）。
   ■ 動詞 wissen（知っている）の現在形は特殊な形になります（→ p.173）。

数字の読みかた

ドイツ語の数字は、少々煩雑ですが、難しくはありません。最後まできちんと発音するので、かえって聞き取りやすいといえるでしょう。2けたの数字だけ、コツがいるので気を付けてください。

1から10まで

1	アインス eins	2	ツヴァイ zwei	3	ドライ drei	4	フィーア vier	5	フュンフ fünf
6	ゼックス sechs	7	ズィーベン sieben	8	アハト acht	9	ノイン neun	10	ツェーン zehn

11から20まで

13 から 19 までは、3(drei) + 10(zehn)のように表します。

11	エルフ elf	12	ツヴェルフ zwölf	13	ドライツェーン dreizehn	14	フィーアツェーン vierzehn	15	フュンフツェーン fünfzehn
16	ゼヒツェーン sechzehn	17	ズィープツェーン siebzehn	18	アハツェーン achtzehn	19	ノインツェーン neunzehn	20	ツヴァンツィヒ zwanzig

20から90まで

20 から 90 までは、語尾の –zig（30 は –ßig）が目印です。

20	ツヴァンツィヒ zwanzig	30	ドライスィヒ dreißig	40	フィーアツィヒ vierzig	50	フュンフツィヒ fünfzig
60	ゼヒツィヒ sechzig	70	ズィープツィヒ siebzig	80	アハツィヒ achtzig	90	ノインツィヒ neunzig

2桁の読みかた

2 桁の数字は 1 の位から先に読みます！ 間に und（英語の and にあたります）を入れ、1 語に綴ります。

21	アイン・ウント・ツヴァンツィヒ einundzwanzig 1　　　　20	82	ツヴァイ・ウント・アハツィヒ zweiundachtzig 2　　　　80

100以上

100	1 000	1 000 000
ホゥンデアト hundert	タウゼント tausend	アイネ　　ミリオーン eine Million

● 100 以上の数字は、これまでの数字の組み合わせです。

754	ズィーベン・ホゥンデアト・フィーア・ウント・フュンフツィヒ siebenhundertvierundfünfzig 700　　　　4　　　　50

Step2

そのまま覚えればOK！
すぐに使えるあいさつ

Step 2
1

DL
2_01

基本のあいさつ

最初のあいさつだけでも使ってみると、
とても喜ばれます。恥ずかしがらずに、
声に出してみましょう。

グーテン　ターク
Guten Tag!
こんにちは。

Tag は「日」のこと。
日中に使えるあいさつです。

グーテン　モルゲン
Guten Morgen!
おはようございます。

Morgen は「朝」です。
午前中に使います。
英語の〈*Good morning!*〉
にあたるあいさつです。

Guten Abend!
<ruby>Guten<rt>グーテン</rt></ruby> <ruby>Abend<rt>アーベント</rt></ruby>

こんばんは。

Abend は「晩」です。
夕方から夜にかけて使います。
英語の〈*Good evening!*〉にあ
たるあいさつです。

Grüß Gott!
<ruby>Grüß<rt>グリュース</rt></ruby> <ruby>Gott<rt>ゴット</rt></ruby>

こんにちは。

南ドイツとオーストリアでよく聞か
れるあいさつです。
一日のどの時間帯にも使えます。

Hallo!
<ruby>Hallo<rt>ハロー</rt></ruby>

やあ。こんにちは。

もともとは若者同士のあいさつ。最
近ではお店の人なども使うように
なってきています。年配の人は嫌が
る傾向にあるので、《Guten Tag!》
を使いましょう。

43

初対面のあいさつ

旅行中に出会う人びとは、ほとんどが
初対面ですね。友だちになれそうな人を見つけたら、
積極的に話しかけてみましょう。

ヴィー　　ハイセン　　ズィー
Wie heißen Sie?

あなたのお名前は？

イッヒ　ハイセ
Ich heiße
ルーディー　　ノイマン
Rudi Neumann.

私の名前はルーディー・ノイマンです。

動詞 heißen「～という名である」は
Step1 で練習しましたね（→ p.17）。

イッヒ　コンメ　アウス
Ich komme aus
ヤーパン
Japan.

私は日本から来ました。
（私は日本人です。）

aus は出身を表す前置詞です。《Ich
komme aus Tokyo.》は「私は東京出
身です」または「私はいま東京に住
んでいます」という意味になります。

アンゲネーム
Angenehm!

初めまして、よろしく。

angenehm は「快適な」という意味の
形容詞です。握手をしながら言いま
しょう。かしこまった場面で使うあい
さつなので、若い人同士では《Hallo!》
だけでじゅうぶんです。

シェーン　　ズィー　ツー　　ゼーエン
Schön, Sie zu sehen.

お会いできて嬉しいです。

英語の〈Nice to meet you.〉の直訳形です。
「お会いできて嬉しいです」には、ほか
に下のような言いかたがあります。い
ちばん言いやすいものを練習しておき
ましょう。

「お会いできて嬉しいです」のバリエーション

イッヒ　フロイエ　ミッヒ　ズィー　ツー　ゼーエン
Ich freue mich, Sie zu sehen.
イッヒ　フロイエ　ミッヒ　ズィー　ケンネン　ツー　レルネン
Ich freue mich, Sie kennen zu lernen.
フロイト　ミッヒ　ズィー　ケンネン　ツー　レルネン
Freut mich, Sie kennen zu lernen.

freuen は「嬉しい」、schön は「素敵だ」という気持ちを表せます。
sehen は「会う」、kennen … lernen は「知り合う」という意味です。

3 別れと再会のあいさつ

別れのあいさつも、きちんと通じると
気持ちが良いものです。知り合いと再会したときの
決まり文句も、ぜひ覚えておきましょう。

ハロー　ヴィー　ゲーツ
Hallo, wie geht's?

やあ、元気？

友人など気軽な関係の相手とのあいさつです。《Wie geht es Ihnen?》の省略形です。

ヴィー　ゲート　エス　イーネン
Wie geht es Ihnen?

お元気ですか？

ダンケ　グート
Danke, gut.
ウント　イーネン
Und Ihnen?

ありがとう、元気です。あなたは？

英語の〈How are you?〉〈I'm fine, thank you. And you?〉にあたる表現です。省略形の《Wie geht's?》に対しても、同じように返事ができます。

アウフ　　　ヴィーダーゼーエン
Auf Wiedersehen!
さようなら。

直訳「また会うときまで。」

長い単語ですね。Wiedersehen は「ヴィー」にアクセントを置き、勢いよく読みます。冒頭の auf を省略することもできます。

チュース
Tschüss!
じゃあね。バイバイ。

短く、響きもかわいらしいのですぐに覚えられますね。気軽なあいさつとして使います。

シェーネン　　　ターク　　　ノッホ
Schönen Tag noch!
よい一日を。

直訳「このあとも素敵な日を。」

別れのあいさつのバリエーション

ビス　　モールゲン
Bis morgen!　じゃあ、また明日。

シェーネス　　　ヴォッヘンエンデ
Schönes Wochenende!　よい週末を。

フィール　シュパース
Viel Spaß!　楽しんできてね。

お店の人などがよく使うあいさつです。言われたら《Danke, gleichfalls!》（ダンケ、グライヒファルス）「ありがとう。あなたもね」と返しましょう。

返事のことば

欧米では、「はい」「いいえ」を
はっきりさせることが好まれます。
自分の意見をきちんと伝えてみましょう。

ヤー
Ja.
はい。

英語の yes と似てい
るので、覚えやすい
ですね。

ナイン
Nein.
いいえ。

こちらも、英語の no
とよく似ています。気
が乗らないとき、迷惑
なときなどは、きっぱ
りと断りましょう。

ヤー　ゲルネ
Ja, gerne!
はい、喜んで。

何かに誘われたときは、
このように答えてみま
しょう。相手もきっと喜
びますよ。

肯定の返事のバリエーション

ゲナウ
Genau!　　そのとおり。

ナテューアリッヒ
Natürlich!　　もちろん。

アレス　クラー
Alles klar!

わかりました。

英語の〈*All right!*〉にあたります。
《*Ja.*》だけでなく、このような言葉を
添えてあげると、相手は安心します。

了解の返事のバリエーション

オーケー
O.K.!　　いいですよ。

アインフェアシュタンデン
Einverstanden!　　了解しました。

ハーベン　　ズィー　　カイネ　　ウーア
Haben Sie keine Uhr?

時計は持っていないのですか？

ドッホ
Doch.

いえ、ありますよ。

否定文の質問に対して、その否
定が合っている場合には nein で
同意し、間違っている場合には
doch を使って反論します。

Step2 5

DL
2_05

食事のあいさつ

日本語の「いただきます」のような
決まった言いかたはありません。
大いに食事を楽しみましょう！

Guten Appetit!
グーテン　　　アペティート
召し上がれ。

直訳「よい食欲を。」

日本語の「いただきます」と同じ
タイミングで交わされるあいさ
つです。このように言ってくれた
相手もいっしょに食事する場合
には、同じく《Guten Appetit!》
と返すこともできます。

Danke!
ダンケ
ありがとう。

Prost!
プロースト
乾杯！

Zum Wohl!
ツム　　ヴォール
乾杯！

どちらも同じ意味で
す。相手の目を見なが
ら言うのが礼儀です。

50

ダス　　　シュメクト　　　グート
Das schmeckt gut!
おいしいです。

食事中に、料理をしてくれた人
やお店の人に伝えてみましょう。

ハット　エス　イーネン　　ゲシュメクト
Hat es Ihnen geschmeckt?
お口に合いましたか？

ヤー　　　ゼーア
Ja, sehr!
はい、とても。

ヤー　　アーバー　　ツー　フィール
Ja, aber zu viel.
はい、でも多すぎました。

日本語の「ごちそうさま」にあたるあいさつはありません。皿を片付けてもらうときに
《Danke schön!》「ありがとう」などと言うといいでしょう。

感謝のことば

〔 旅行中は、何かと親切を受けることが
多いことでしょう。「ありがとう」は
発音しやすいので、嬉しいですね。 〕

ダンケ
Danke!
ありがとう。

いちばんシンプルな感謝のことばで
す。道を教えてもらったとき、荷物
を運んでもらったとき、ドアを開け
てもらったとき…。言う機会はたく
さんあると思います。どんどん使っ
てみましょう！

ダンケ　　　シェーン
Danke schön!
どうもありがとう。

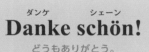

ビッテ　　　シェーン
Bitte schön!
どういたしまして。

《Danke!》を少し丁寧にした言
いかたです。同じく「どういた
しまして」も《Bitte!》と《Bitte
schön!》の2段階の言いかたが
あります。

フィーレン　ダンク
Vielen Dank!
ありがとうございます。

とても丁寧な言いかたです。この場合は Dank の最後に -e がつかず、「ダンク」と発音します。

イッヒ　ダンケ　イーネン
Ich danke Ihnen
フューア　ディー　アインラードゥンク
für die Einladung.
お招きいただきありがとうございます。

実は《Danke!》という言いかたはこの文から動詞だけを取り出してできたものです。完全な文にすると、感謝する相手が3格になり、感謝する内容が前置詞 für のあとに続きます。

ダス　イスト　ネット　フォン　イーネン
Das ist nett von Ihnen.
ご親切にありがとう。

nett は「親切な」という意味の形容詞です。英語の〈It's nice of you.〉にあたる表現です。

お詫びのことば

とっさに「ごめんなさい」が言えると
スマートですね。少々言いにくい単語では
ありますが、練習しておきましょう。

エントシュールディゲン
Entschuldigen
ズィー　　　ビッテ
Sie, bitte!

すみません。

話しかけるときに使います。
アクセントは「シュー」にあります。
あとは軽く添えるだけです。英語の
〈Excuse me.〉にあたる表現です。

エントシュールディグンク
Entschuldigung!

ごめんなさい。

マハト　　ニヒツ
Macht nichts.

構いませんよ。

直訳「何でもありません。」

アクセントは同じく「シュー」に
あります。人とぶつかってしまっ
たり、足を踏んでしまったり、人
の物を落としてしまったりと、
ちょっとした失敗をしてしまった
ときに使います。（少し語尾を上げ
ると、人に話しかけるときにも使
えます。）

Tut mir leid.
トゥート　ミア　ライト

申し訳ありません。

直訳「残念です。」

天候が悪くてツアーが出発しないときや、他の人のせいで自分も遅れてしまったときなど、「自分に責任がない」ときに使う謝罪の表現です。

Kein Problem!
カイン　プロブレーム

問題ありませんよ。

「ごめんなさい」に対して、英語の〈No problem.〉のドイツ語版もあります。Problem はドイツ語では後半にアクセントがあります。（何かをお願いされたときの返事にも使えます。）

お祝いのことば

親しくなると、こんなシーンにも巡り合える
かもしれません。自分が言われたときは
《Danke (schön)!》と返しましょう。

ヘルツリッヒェン
Herzlichen
グリュックヴュンシュ
Glückwunsch!

おめでとう！

アクセントはどちらの単語も冒頭に
あります。お祝いする内容は、前
置詞 zu のあとに続けます。たとえ
ば、《Herzlichen Glückwunsch zur
Hochzeit（ツア・ホッホツァイト）!》
で「結婚おめでとう！」という意味
になります。

イッヒ　　　　グラトゥリーレ
Ich gratuliere!

おめでとう！

直訳 「私は祝福します。」

こちらは動詞を使った言いかたで
す。英語の〈Congratulations!〉
と同じ語源です。《Ich gratuliere
Ihnen（イーネン）!》のように、お
祝いする相手を 3 格で表せます。

Alles Gute zum Geburtstag!

アレス　グーテ　ツム
ゲブルツターク

誕生日おめでとう！

《Alles Gute!》は「あらゆる幸運を」という意味です。《Herzlichen Glückwunsch zum Geburtstag!》と言うこともできます。（別れ際の《Alles Gute!》は「元気でね」といった感じのあいさつになります。）

Frohe Weihnachten!

フローエ　ヴァイナハテン

メリー・クリスマス！

クリスマスカードにも書けるあいさつです。このように言われたら、同じように《Frohe Weihnachten!》と返しましょう。

Prost Neujahr!

プロースト　ノイヤール

新年おめでとう！

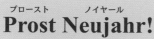

《Prost!》は「乾杯！」でしたね（→ p.50）。このほか《Alles Gute zum neuen Jahr!》（アレス・グーテ・ツム・ノイエン・ヤール）という言いかたは、年が変わる前から使えます。

曜日や日付の言いかた

旅行中に避けては通れない表現ですね。1 から 31 の数字も完璧にしておきましょう（→ p.40）。

曜日

月曜日	火曜日	水曜日	木曜日	金曜日	土曜日	日曜日
モンターク	ディーンスターク	ミットヴォッホ	ドンナースターク	フライターク	ザムスターク	ゾンターク
Montag	Dienstag	Mittwoch	Donnerstag	Freitag	Samstag	Sonntag

※水曜日以外は語尾に -tag（ターク）がつきます。Guten Tag!（グーテン・ターク）と同じ「日」ですね。

● 「○曜日に」は前置詞 am をつけて表します。　例 am Montag「月曜日に」

月の名前

1月	2月	3月	4月	5月	6月
ヤヌアー	フェブルアー	メルツ	アプリール	マイ	ユーニー
Januar	Februar	März	April	Mai	Juni

7月	8月	9月	10月	11月	12月
ユーリー	アウグスト	ゼプテムバー	オクトーバー	ノヴェムバー	デツェムバー
Juli	August	September	Oktober	November	Dezember

● 「○月に」は前置詞 im をつけて表します。　例 im September「9月に」

日付の言いかた

日付は「日」→「月」→「年」の順に並べ、「日」のあとにピリオドを打ちます。

2017年9月21日
21. September 2017 または 21. 9. 2017（アイン・ウント・ツヴァンツィヒスター ゼプテムバー ツヴァイ・タウゼント・ウント・ズィープツェーン einundzwanzigster September zweitausendundsiebzehn）

● 「日」のあとのピリオドは序数を表します。読むときは、数字のあとに -t（20 以降は -st）をつけ、さらに格変化の語尾を添えます。（例外として 1. は erst、3. は dritt となります。）

● 「○日に」は前置詞 am をつけ、語尾は -en にします。
　例 am 21.（アイン・ウント・ツヴァンツィヒステン einundzwanzigsten）September「9月21日に」

年号の読みかた

1900年代は「19×100 ＋…」と分解し、2000年代はそのまま読みます。自分の生まれた年を言えるようにしておきましょう。

1991
ノインツェーン・ホウンデアト・アイン・ウント・ノインツィヒ
neunzehnhunderteinundneunzig
1900　　1　　90

2017
ツヴァイ・タウゼント・ウント・ズィープツェーン
zweitausendundsiebzehn
2000　　17

Step 3

押さえておきたい！
マストな超基本フレーズ

DL
3_01

..., bitte!

〜をください。

> bitte はとても簡単で便利なことばです。
> どんどん使ってみましょう。

ダス　　　　　　　ビッテ

Das, bitte!

代名詞　　　　　間投詞

これ、ください。

✓ **Point** 店頭で品物を指しながら、レストランでメニューを指しながら……。
この一言だけでも、応用範囲は広いので、ぜひ覚えてください。

使いかた

ほしいものを言うときは bitte の前に単語を並べるだけ！ 文法や語順を気
にする必要もありません。（この用法では英語の *please* にあたります。）

◆ **カフェで**

ツヴァイ　　カフェー　　ビッテ
Zwei Kaffee, bitte!
コーヒーを2つください。

◆ **銀行で**

イン　　オイロ　　ビッテ
In Euro, bitte!
ユーロにしてください。

◆ **駅で**

ビス　　　ミュンヒェン　　ヒン　　ウント　　ツーリュック　　ビッテ
Bis München, hin und zurück, bitte!
ミュンヘンまでの往復切符をください。

ちょっと文法

「〜をください」という日本語から類推できるように、厳密には bitte の前には目
的語の4格が入ります。男性名詞を使うときは、冠詞の形に気を付けましょう。

△ **Ein Kaffee, bitte!**　→　○
男性名詞

アイネン　　カフェー　　ビッテ
Einen Kaffee, bitte!
コーヒーをください。

60

こんな場面で使います

Case1: 機内で

Ⓐ
テー　　オーダー　　カフェー
Tee oder Kaffee?
紅茶にしますか？　コーヒーにしますか？

Ⓑ
テー　　ビッテ
Tee, bitte!
紅茶をください。

語彙 oder「あるいは、それとも」
→ 英語の *or* にあたります。

Case2: タクシーで

Ⓐ
ヴォー　　ヴォレン　　ズィー　　ヒン
Wo wollen Sie hin?
どちらへお越しですか？

Ⓑ
ハウプトバーンホーフ　　　　　ビッテ
Hauptbahnhof, bitte!
中央駅へ行ってください。

語彙 wo ... hin「どこへ」
→ wohin と1語で綴ることもあります。
wollen「〜したい」→ 話法の助動詞の
1つで、強い意志を表します。

応用表現

動詞の不定形と組み合わせて、「〜してください」という言いかたができます。
正式の命令文とは違って、動詞の活用を気にする必要はありません。

アインパッケン　　ビッテ
Einpacken, bitte!
包んでください。
（＝店のレジなどで）

ビッテ　　ツーマッヘン
Bitte zumachen!
閉めてください。
※動詞の場合は、bitte を先に言うことも多いです。

Ich möchte ...
〜がほしいです。

「ほしいもの」を伝える表現です。
目についたものを、どんどん言ってみましょう。

イッヒ　　　　　メヒテ　　　　　アイネ　　　　　ターゲスカルテ
Ich möchte eine Tageskarte.

代名詞　　　　助動詞　　　　冠詞　　　　　名詞
　　　　　　　1人称単数　　女性4格

私は一日券がほしいです。

※ Tageskarte には、「日替わり
　定食」という意味もあります。

✔ **Point** 英語の〈I'd like ...〉にあたる表現です。使う場面は《 ..., bitte!》（→ p.60）とほぼ同じです。

使いかた

「…」に名詞を入れるだけで、文が完成します。「ほしいもの」は目的語なので、名詞は4格にします。4格ということは、男性名詞で冠詞が変わるのでしたね（→ p.60）。

◆ **カフェで**

イッヒ　　メヒテ　　アイネン　カフェー　ミット　ミルヒ
Ich möchte einen Kaffee mit Milch.
ミルク入りのコーヒーがほしいです。

◆ **朝市や八百屋で**

イッヒ　　メヒテ　　ディーゼン　アプフェル
Ich möchte diesen Apfel.
このリンゴがほしいです。

ちょっと文法

diesen は「この」を表す指示代名詞の男性4格です。英語の this / these にあたります。続く名詞の性と格によって形が変わるので注意しましょう。

	男性	女性	中性	複数
1格	ディーザー dieser	ディーゼ diese	ディーゼス dieses	ディーゼ diese

※辞書には男性1格 dieser の形で載っています。　　※4格では男性のみ diesen（ディーゼン）と形が変わります。

こんな場面で使います

Case1: レストランで

A

メヒテン　ズィー　カルトッフェルン　ダーツー
Möchten Sie Kartoffeln dazu?

いっしょにジャガイモはいかがですか？

B

イッヒ　メヒテ　リーバー　ブロート
Ich möchte lieber Brot.

パンのほうがいいです。

語彙 dazu「それに加えて」
lieber「より好んで」

Case2: レストランで友人と

A

イッヒ　メヒテ　ディーゼス　ビーア
Ich möchte dieses Bier.

私はこのビールがいいな。

B

オー　ヤー　ダス　メヒテ　イッヒ　アウホ
Oh ja, das möchte ich auch.

うん、そうだね。僕もそれがいい。

語彙 auch「も、また」 → 英語の *too* にあたります。

※**B**は das（= dieses Bier）を先に言っているので、定形第2位
の原則（→ p.18）により、語順は möchte → ich となります。

応用表現

「Ich möchte ＋場所を表す副詞（句）」で、「〜へ行きたい」という言いかたができ
ます。

イッヒ　メヒテ　ナーハ　ミュンヒェン
Ich möchte nach München. ミュンヘンへ行きたいです。

※次の課に出てくる「möchte ＋……＋動詞の不定形」の文型から不定形を省略した形です。（→ p.64）
イッヒ　メヒテ　ナーハ　ミュンヒェン　ファーレン
Ich möchte nach München (fahren). ミュンヘンへ行きたいです。

DL
3_03

Ich möchte ...　動詞の不定形 .

〜したいです。

［ 動詞を添えて、「したいこと」を伝える表現です。
ワク構造（→ p.20）に慣れていきましょう。 ］

イッヒ　　　メヒテ　　　　アイン　　タクスィー　　　　　ネーメン
Ich möchte ein Taxi nehmen.

代名詞　　　　助動詞　　　　　冠詞　　　　名詞　　　　　　　動詞
　　　　　　1人称単数　　　　　　　中性4格　　　　　　　不定形

私はタクシーを利用したいです。

✔ Point　英語の〈*I'd like to ...*〉にあたる表現です。《Ich möchte...》の文に動詞の不定形を
加えることで、表現の幅が広がります。語順は「私はしたい」→「タクシーを利用する」
のように並べます。

使いかた

「möchte ＋……＋動詞の不定形」というワク構造を作ります。「…」の
部分には副詞や目的語など、そのほかの要素を入れます。

◆ カフェなどで

イッヒ　　メヒテ　　　ミア　ティー　　ヘンデ　　　ヴァッシェン
Ich möchte mir die Hände waschen.

私は手を洗いたいです。

◆ 電話口や受付などで

イッヒ　　メヒテ　　ヘアン　　ノイマン　　　シュプレッヒェン
Ich möchte Herrn Neumann sprechen.

ノイマンさんと話がしたいです。

※「○○さん」と言うとき、男性は名字の前に Herr（ヘア）、女性は Frau（フラウ）をつけます。
Herr は 4 格になると、Herrn（ヘアン）というように語尾 -n がつきます。

ちょっと文法

上の例文で、3 格の mir が使われていますね。「自分の手」などと言うとき、
ドイツ語では 3 格を使います。

イッヒ　　ヴァッシェ　　ミア　ティー　　ヘンデ
Ich wasche mir die Hände.　私は（私の）手を洗う。

1人称単数3格

こんな場面で使います

Case1: 切符売場で

Ⓐ
ヴォレン　ズィー　ヒン　ウント　ツーリュック
Wollen Sie hin und zurück?
往復がご希望ですか？

Ⓑ
ナイン　イッヒ　メヒテ　アイネ
Nein, ich möchte eine
ルントファールト　　　マッヘン
Rundfahrt machen.
いいえ、周遊がしたいです。

語彙 hin und zurück「往復して」
　　　 machen「する、作る」

Case2: 同行者と

Ⓐ
ゾー　ヴァス　マッヘン　ヴィア　イェツト
So, was machen wir jetzt?
さて、今度は何をしましょうか？

Ⓑ
イッヒ　メヒテ　エトヴァス　エッセン
Ich möchte etwas essen.
何か食べたいです。

語彙 jetzt「今」
　　　 etwas「何か」→ 英語の *something* にあたります。

応用表現

「～したくない」という否定文を作ってみましょう。

❶ nicht を使う（→ p.32）
イッヒ　　メヒテ　　ニヒト　　ディーゼン　アプフェル
Ich möchte nicht diesen Apfel. このリンゴはほしくありません。

❷ kein を使う（→ p.33）
イッヒ　　メヒテ　　カイン　タクスィー　ネーメン
Ich möchte kein Taxi nehmen. タクシーを利用したくありません。

❸ nichts を使う（英語の *nothing* にあたる表現）
イッヒ　　メヒテ　　ニヒツ　　エッセン
Ich möchte nichts essen. 私は何も食べたくありません。

Darf ich ... 動詞の不定形？

〜してもいいですか？

自分のしたいことに対し、許可を求める表現です。
疑問文のワク構造になります。

ダルフ	イッヒ	ヒア	アイン	フォートー	マッヘン

Darf ich hier ein Foto machen?

助動詞	代名詞	副詞	冠詞	名詞	動詞
1人称単数			中性4格		不定形

ここで (私は) 写真を撮ってもいいですか？

✓ **Point** 英語の〈May I ...?〉にあたる表現です。「許可」を表す助動詞 dürfen を使います。
語順は「してもいいですか？」→「ここで写真を撮る」のようになります。

使いかた

疑問文なので「助動詞＋主語」で始め、動詞の不定形は最後に置きます。
やはり間に、副詞や目的語などが入ります。

◆ カフェや電車などで

ダルフ　イッヒ　ダス　　フェンスター　　　　アウフマッヘン
Darf ich das Fenster aufmachen?
窓を開けてもいいですか？

◆ お店で

ダルフ　イッヒ　ダス　　　アンプロビーレン
Darf ich das anprobieren?
試着してもいいですか？

ちょっと文法

話法の助動詞は一般の動詞と違い、現在形で1人称単数と3人称単数の形が
同じになります。不定形と語幹が異なることが多いので、早めに覚えるよう
にしましょう。　※残りの3つは（→ p.21）

モェーゲン　　　　　　　　　マーク
mögen → ich / er mag 〜が好きだ

ヴォレン　　　　　　　　　ヴィル
wollen → ich / er will 〜がしたい

ゾレン　　　　　　　　　　　ゾル
sollen → ich / er soll 〜するべきだ

こんな場面で使います

Case1: レストランなどで

A

ダルフ　イッヒ　ノッホ　メーア　ハーベン
Darf ich noch mehr haben?

もっといただいてもいいですか？

B

ヤー　ビッテ
Ja, bitte!

はい、どうぞ。

語彙 noch mehr「もっとたくさん」

Case2: お店やオフィスで

A

ダルフ　イッヒ　ズィー　クルツ　シュトェーレン
Darf ich Sie kurz stören?

ちょっとよろしいでしょうか？

直訳「ちょっとおじゃましてもよろしいでしょうか？」

語彙 kurz「短い、ちょっと」

B

アーバー　ズィッヒャー　ヴァス　カン
Aber sicher. Was kann
イッヒ　フュア　ズィー　トゥーン
ich für Sie tun?

もちろんです。どうされましたか？

直訳「もちろんです。何をしてさしあげられるでしょうか？」

応用表現

話法の助動詞は、どれも同じ文型で使えます。例文中の話法の助動詞を入れ替えて、いろいろな質問をしてみましょう。

ゾル　イッヒ　ダス　フェンスター　アウフマッヘン
Soll ich das Fenster aufmachen? 窓を開けましょうか？

ムス　イッヒ　ヒーア　アイン　フォートー　マッヘン
Muss ich hier ein Foto machen? ここで写真を撮らないといけませんか？

カン　イッヒ　ダス　アンプロビーレン
Kann ich das anprobieren? 試着は可能ですか？

67

DL
3_05

Wo ist ...?

〜はどこですか？

さがしものがどこにあるか、聞いてみましょう。
名詞の性・数を考えて、冠詞を決定します。

ヴォー　　イスト　　ディー　　　　トイレッテ

Wo ist die Toilette?

疑問詞　　助動詞　　冠詞　　　　名詞
　　　　　3人称単数　　　　女性1格

トイレはどこですか？

✓ **Point**　疑問詞を使った疑問文は「疑問詞→動詞→主語」の語順になります（→ p.31）。

使いかた

聞きたいものは主語なので、1格にします。名詞の性によって、
冠詞は der / die / das になるのでしたね（→ p.26）。

※複数形では、冠詞は die を使い、動詞の形も変わります。

◆ 街中で

ヴォー　イスト　デア　　　　ハウプトバーンホーフ
Wo ist der Hauptbahnhof?
中央駅はどこですか？

◆ スーパーで

ヴォー　ズィント　ディー　　　ゲトレンケ
Wo sind die Getränke?
飲み物はどちらですか？

ちょっと文法

sein 動詞の現在形を復習しましょう（→ p.17）。この課で出てくるのは3人称単数
ist と3人称複数 sind ですね。ほかの人称が主語になると、次のようになります。

ヴォー　ビン　イッヒ
Wo bin ich?　私はどこに
いるのだ？
1人称単数

ヴォー　ズィント　ヴィア
Wo sind wir?　ここは
どこですか？
1人称複数

直訳「私たちはどこにいるのですか？」

こんな場面で使います

Case1: お店で

Ⓐ
エントシュールディゲン　ズィー
Entschuldigen Sie,
ヴォー　イスト　ディー　　　カッセ
wo ist die Kasse?

すみませんが、レジはどこですか？

Ⓑ
ダー　　　ドリューベン
Da drüben.

あちらです。

語彙 da「あそこに」→ 英語の *there* にあたります。

Case2: ホテルで

Ⓐ
ヴォー　イスト　デア　　　　フリューシュテュックスラウム
Wo ist der Frühstücksraum?

朝食をとる部屋はどちらですか？

Ⓑ
イム　　エアステン　シュトック
Im ersten Stock.

2階ですよ。

文化 直訳すると「1階に」ですが、ドイツでは、地上
から階段を1つ上がった階を「1階」と言うので、
ドイツ語の「1階」は日本の「2階」にあたります。

応用表現

sein 動詞以外の動詞を使って、「どこで〜するのか？」をたずねる文を作ってみま
しょう。「疑問詞→動詞→主語」の順番は変わりません。

ヴォー　　エッセン　　ヴィア　　ホイテ　　アーベント
Wo essen wir heute Abend?　今晩どこで食事をしましょうか？

ヴォー　　ゾル　　イッヒ　　ヴァルテン
Wo soll ich warten?　どこで待っていたらいいですか？

※助動詞 sollen と動詞の不定形 warten がワク構造を作っています。

Haben Sie ...?
〜はありますか？

お目当てのものがお店にあるかどうか、
たずねる表現です。4格の冠詞を使いこなしましょう。

ハーベン　ズィー　ロートヴァイン
Haben Sie Rotwein?
動詞　　　　　　　　代名詞　　　　　　名詞
2人称単数　　　　　　　　　　　　　男性4格

赤ワインはありますか？

✓**Point**　疑問詞を使わない疑問文なので「動詞 → 主語」の語順になります。英語の〈Do you have ...? 〉にあたる表現で、英語の you と同じく、ここでの Sie は「お店全体」（= あなた方）を指しています。

使いかた

文末に名詞を入れるだけで、文が完成します。動詞 haben のあとなので 4格にします。不定冠詞は名詞の性によって ein / eine / einen になり、複数形では何もつけません。（上の例のように、単数でも冠詞をつけない語もあります。）

◆ **お店で**

ハーベン　ズィー　バッテリーン
Haben Sie **Batterien**?
電池はありますか？

◆ **店のレジで**

ハーベン　ズィー　アイネ　テューテ
Haben Sie **eine Tüte**?
（レジ）袋はありますか？

ちょっと文法

《Wo ist ...?》では定冠詞を使いましたが、この課では不定冠詞を使います。定冠詞をつけるのは、対象が1つしか可能性がないとき、不定冠詞をつける（複数形は無冠詞）のは、思い浮かべるものが1つではないときです。

ヴォー　イスト　アイン　バーンホーフ
Wo ist ein Bahnhof?　駅はどこですか？（＝駅名を指定せず、どの駅でもよい）

こんな場面で使います

Case1: 土産物店で

Ⓐ
ハーベン　ズィー　アウホ
Haben Sie auch
ブリーフマルケン
Briefmarken?
切手もありますか？

Ⓑ
ナイン　ライダー　ハーベン　ヴィア　カイネ
Nein, leider haben wir keine.
いいえ、残念ながらありません。

語彙 auch「〜も」
leider「残念ながら」
kein「（1つも）ない」→ keine は複数4格。使いかたは下記を参照。

Case2: ホテルで

Ⓐ
ハーベン　ズィー　アイン　ツィンマー　フライ
Haben Sie ein Zimmer frei?
1部屋空いていますか？

Ⓑ
ヤー　ヴィー　ランゲ　ブライベン　ズィー
Ja. Wie lange bleiben Sie?
はい。何泊されますか？

語彙 Zimmer「部屋」
frei「空いている、自由な」→ 英語の *free* にあたります。
bleiben「残る、とどまる」

応用表現

《Haben Sie ...?》と聞かれたときに答える文を考えてみましょう。
「はい」は《Ja.》、「いいえ」は《Nein.》でしたね。（→ p.48）

❶ 肯定する
ハーベン　ズィー　アウトース　　ヤー　ヴィア　ハーベン　アインス
Haben Sie Autos? – Ja, wir haben eins.
車をお持ちですか？－はい、1台あります。

※答えが「1」のときは、名詞の性によって einen / eine / eins を使い分けます。
※答えが「2以上」のときは、zwei, drei のようにそのまま数字で答えます。

❷ 否定する
ハーベン　ズィー　シュリュッセル　　ナイン　イッヒ　ハーベ　カイネ
Haben Sie Schlüssel? – Nein, ich habe keine.
鍵はありますか？－いいえ、ありません。

※単数の名詞の場合は keinen / keine / keins、複数形の場合は keine を使って答えます。
いずれも4格の形で、あとに続くはずの名詞を省略しています（→ p.79）。

71

Step 3

7

Was ist ...?

〜とは何ですか？

意味のわからない言葉があったら、思い切って質問してみましょう。異文化体験を、楽しんでください。

ヴァス　　イスト　　　　　グリューヴァイン

Was ist „Glühwein"?

疑問詞　　動詞　　　　　名詞
　　　　3人称単数　　　男性1格

「グリューワイン」とは何ですか？

✔ **Point** 疑問詞を使った疑問文なので《Wo ist ...?》と語順は同じです。知らない単語を質問する文なので、冠詞などは間違えても構いません。

使いかた

基本形は《Was ist das?》（これは何ですか？）です。das の部分が主語なので、ここに1格が入ります。

◆ **駅で**

ヴァス　イスト　　　バーン・カード

Was ist „BahnCard"?

「バーン・カード」って何ですか？

◆ **買物のレシートを見て**

ヴァス　イスト　　エム ヴェーエステー

Was ist „MwSt."?

「MwSt.」って何ですか？

語句解説

- **Glühwein**……冬になると屋台などで出されるホットワインです。香辛料やハーブなどといっしょに煮込んで作ります。
- **BahnCard**……購入することで鉄道の乗車券が割引になるカードです。ドイツ人はドイツ語風に「バーン・カルテ」と読みます。
- **MwSt.**……Mehrwertsteuer（メーア・ヴェアト・シュトイアー）の略。付加価値税（日本でいう消費税）のことです。

こんな場面で使います

Case1: レストランで

A ヴァス　イスト　　　　シュトランマー　　　マックス
Was ist „Strammer Max"?

「Strammer Max」って何ですか？

B ダス　イスト　ブロート　ミット　　　シンケン
Das ist Brot mit Schinken
ウント　　シュピーゲルアイ　　ダーラウフ
und Spiegelei darauf.

パンにハムと目玉焼きを乗せたものです。

語彙 Max は男性の名前です。直訳すると「たくましい若者」といった意味になります。

Case2: パン屋で

A ヴァス　イスト　ダス　ダー　ガンツ　オーベン
Was ist das da ganz oben?

あそこの一番上にあるものは何ですか？

B ダス　イスト　アイン　　　　ロッゲンブロート
Das ist ein Roggenbrot.

これはライ麦パン（いわゆる「黒パン」）です。

語彙 oben「上に」 ↔ unten（ウンテン）「下に」

応用表現

《Was ist das für ...?》で、ある物の種類をたずねる文になります。

ヴァス　イスト　ダス　フュア　アイン　　　ゲシェフト
Was ist das für ein Geschäft? これは何のお店ですか？

ヴァス　イスト　ダス　フュア　アイネ　　カルテ
Was ist das für eine Karte? これはどんなカードですか？

ヴァス　ズィント　ダス　フュア　ツァーレン
Was sind das für Zahlen? これは何の数字ですか？

※複数形の場合は動詞が3人称複数（sind）になり、不定冠詞が外れます。

Ist das ...?

これは〜ですか？

目の前にあるものが想像通りのものかどうか、
確認するときに使います。冠詞の使い分けにも、
だいぶ慣れてきたでしょうか？

イスト　ダス　アイン　ザフト

Ist das ein Saft?

動詞　　　代名詞　　冠詞　　　名詞
3人称単数　　　　　　　　　　　男性1格

これはジュースですか？

Point 英語の〈Is this ...?〉と似ているので違和感はないと思います。疑問詞を使わない疑問文なので「動詞 → 主語」の語順になります。

使いかた

das が主語、聞きたいものは補語です。補語は1格になるのでしたね（→ p.37）。

◆ 駅で

> イスト　ダス　アイン　　ゾンダーツーク
> **Ist das ein Sonderzug?**
> それは特別列車ですか？

◆ 街中で

イスト　ダス　ティー　キルヒェ
Ist das die Kirche?
これがその教会ですか？

◆ パン屋で

イスト　ダス　ズュース
Ist das süß?
これは甘いですか？

ちょっと文法

最後の例の süß は形容詞です。形容詞の使いかたには次の3つがあります。

❶ そのままの形で補語になる　**例** Das ist süß.「これは甘い」

❷ 語尾をつけて名詞を修飾する　**例** im ersten Stock（→ p.69）、Strammer Max（→ p.73）
※この語尾は、（1）名詞の性・数・格、および（2）前につく冠詞の種類や有無によって変化します（→ p.75）。

❸ そのままの形で副詞になる
※英語にはない用法です。groß「大きい」が「大きく」として使われる、などです。

こんな場面で使います

Case 1: 観光地で

A

イスト　ダス　　アウホ　　フォン
Ist das auch von
リーメンシュナイダー
Riemenschneider?

これもリーメンシュナイダーの作品ですか？

B

ナイン　　　ライダー　　　ニヒト
Nein, leider nicht.

いいえ、残念ながら違います。

語彙 Riemenschneider「リーメンシュナイダー」→ 南ドイツを中心に活躍した中世の彫刻家
von「〜による」→ ここでは英語の *by* にあたります。

Case 2: 写真を見せながら

A

イスト　ダス　　イーレ　　ファミーリエ
Ist das Ihre Familie?

これはあなたの家族ですか？

B

ヤー　　ダス　ズィント　マイネ　　エルタン　　ウント
Ja. Das sind meine Eltern und
マイネ　　　　ゲシュヴィスター
meine Geschwister.

はい。両親と兄弟たちです。

語彙 Ihre / meine「あなたの／私の」(→ p. 76)
Geschwister「兄弟姉妹」→ つねに複数形で使います。

応用表現

名詞の前に形容詞をつけて質問してみましょう。形容詞には、名詞の性・数・格、
冠詞の有無などに応じた語尾がつきます。

イスト　ダス　アイン　シュネラー　　ツーク
Ist das ein schneller Zug?
[schnell + -er] 男性1格

これは速い列車ですか？

ズィント　ダス　ベリュームテ　　ビルダー
Sind das berühmte Bilder?
[berühmt + -e] 複数1格

これらは有名な絵ですか？

※「不定冠詞＋形容詞＋1格の名詞（単数）」のとき、形容詞の語尾は -er / -e / -es となります。定冠詞の
　語尾（der / die / das）と同じですね。
※「不定冠詞＋形容詞＋4格の名詞（単数）」のとき、形容詞の語尾は男性のみ -en に変化します。
※複数形が無冠詞、すなわち「形容詞＋1格または4格の名詞（複数）」のとき、形容詞の語尾は -e になります。

Das ist mein ...

これは私の〜です。

身の回りのものを、紹介してみましょう。
所有冠詞を使います。

ダス　　イスト　　　マイネ　　　　　　　　　　ヘンディーヌンマー
Das ist meine Handynummer.

代名詞　　　動詞　　　　　冠詞　　　　　　　　　　　　　　名詞
　　　　3人称単数　　　　　　　　女性1格

これは私の携帯電話番号です。

✓**Point**　Das ist ... のあとに、紹介したいもの（名詞）を続けます。名詞の前に、性・数を考えて所有冠詞を入れます。

使いかた

《Ist das ...?》（→ p.74）を平叙文にした形です。das が主語、紹介したいものは補語です。英語の *my* にあたる所有冠詞 mein（私の）を、1格にします。

◆ **駅やホテルで**

ダス　イスト　マイン　ゲペック
Das ist mein Gepäck.
これは私の荷物です。

◆ **相手に紹介して**

ダス　ズィント　マイネ　キンダー
Das sind meine Kinder.
こちらは私の子どもたちです。

ちょっと文法

英語の *my* は代名詞扱いですが、ドイツ語の mein は冠詞です。そのため、続く名詞の性・数・格に応じて形が変わります。

	男性	女性	中性	複数
1格	マイン mein	マイネ meine	マイン mein	マイネ meine

※不定冠詞 ein や否定冠詞 kein と同じ語尾です（→ p.28、33）。4格では男性単数のみ meinen に変化します。
※ほかの所有冠詞も、続く名詞の性・数・格に応じて形が変わります。
　Ihr(e)（イーア〈イーレ〉）あなたの／あなた方の　　　unser(e)（ウンザー〈ウンゼレ〉）私たちの
　sein(e)（ザイン〈ザイネ〉）彼の／その　　　ihr(e)（イーア〈イーレ〉）彼女の／彼らの

こんな場面で使います

Case1: 食卓で

Ⓐ
グーテン　　アペティート
Guten Appetit!

召し上がれ。

Ⓑ
ダンケ　　　ダス　イスト　　マイン
Danke, das ist mein
リープリンクスエッセン
Lieblingsessen.

ありがとう。これは私の大好物です。

語彙 Lieblings- ＋名詞「お気に入りの○○」
→ ここでは Essen「食べ物」を続けています。

Case2: 駅やホテルで

Ⓐ
ヴェーム　ゲヘェールト　ティーゼ　　タッシェ
Wem gehört diese Tasche?

このカバンはだれのですか？

Ⓑ
オー　　ダス　イスト　　マイネ　　　タッシェ
Oh, das ist meine Tasche.

あ、それは私のカバンです。

語彙 wem「だれに」→ 疑問詞 wer（だれが）の3格
gehören「〜に属する」
→「〜に」に入る目的語は3格になります。

※正式な答えかたは、3格の mir（ミア）を使います。《Die Tasche gehört mir.》（そのカバンは私のです。）

応用表現

《Das ist mein …》の文に、形容詞をつけてみましょう。形容詞の語尾は、不定
冠詞 ein を使う場合と同じです（→ p.75）。

ダス　イスト　マイン　　グローサー　　ゾーン
Das ist mein großer Sohn.　　こちらは私の上の息子です。

[groß ＋ -er] 男性1格

●複数形の場合は、形容詞の語尾が -en になります。

ダス　ズィント　マイネ　　グローセン　　ゾェーネ
Das sind meine großen Söhne.　　こちらは私の上の息子たちです。

[groß ＋ -en] 複数1格

Ich habe kein ...

〜がありません。

何かがなくて困っていることを伝えられます。
否定冠詞を使いこなしましょう。

イッヒ　　　　ハーベ　　　　　カイン　　　　　メッサー
Ich habe kein Messer.

代名詞　　　　　　動詞　　　　　　　冠詞　　　　　　　　　名詞
　　　　　　　　1人称単数　　　　　　　　中性4格

（私は）ナイフがありません。

✓**Point**　《Ich habe ...》のあとに、「ない」もの（名詞）を続けます。名詞の前には、性・数
を考えて否定冠詞（→ p.33）を入れます。

使いかた

動詞 haben のあとは、目的語なので4格にします。否定冠詞 kein は、不
定冠詞 ein と同じ変化をするのでしたね（→ p.33）。4格では keinen /
keine / kein、複数4格は keine となります。

◆ **断るときに**

イッヒ　　ハーベ　　カイネ　　ツァイト
Ich habe keine Zeit.
時間がありません。

◆ **買物の際に**

イッヒ　　ハーベ　　カイネ　　グローセ　　タッシェ
Ich habe keine große Tasche.
大きなバッグは持っていません。

ちょっと文法

肯定文に戻してみましょう。名詞の種類によって、2つの方法があります。

❶**一般の単数名詞の場合**
　→ kein を ein に置きかえる

❷**無冠詞で使う名詞や、複数形の場合**
　→ kein を取り外す

イッヒ　　ハーベ　　アイネ　　グローセ　　タッシェ
Ich habe eine große Tasche.
大きなバッグを持っています。

イッヒ　　ハーベ　　ツァイト
Ich habe Zeit.
時間があります。

こんな場面で使います

Case1: レストランで

Ⓐ
イッヒ　ハーベ　カイン　グラース
Ich habe kein Glas.
グラスがないのですが。

Ⓑ
オー　　エントシュールディグンク
Oh, Entschuldigung!
あ、申し訳ありません。

Case2: 移動中に

Ⓐ
ヴィー　フィール　ウーア　イスト　エス　イェット
Wie viel Uhr ist es jetzt?
いま何時ですか？

Ⓑ
イッヒ　　ハーベ　　カイネ　　ウーア　ダーバイ
Ich habe keine Uhr dabei.
時計を持ち合わせていません。

語彙 Uhr「時計、〇時」
jetzt「いま」
dabei「その場に」

応用表現

《Haben Sie ...?》に対して kein を使って答えるとき（→ p.71）、聞かれた対象が明確な場合は、あとに続く名詞を省略することができます。

イッヒ　ハーベ　カイネ　シュリュッセル
Ich habe keine Schlüssel. → Ich habe keine.
複数4格
イッヒ　ハーベ　カイネ
（鍵は）ありません。

※ kein の代名詞的用法です。英語の none にあたります。
※ kein の形は中性の場合に keins（カインス）となります。
Ich habe kein Messer. → Ich habe keins.（ナイフは）ありません。
中性4格

Gibt es hier ... ?
この辺りに〜はありますか？

> あるものが近くにあるかどうかを聞きます。
> 非人称の es を使った重要表現です。

ギプト　エス　ヒーア　アイン　カフェー
Gibt es hier ein Café?

動詞　　　代名詞　　副詞　　冠詞　　　名詞
3人称単数　　　　　　　　　　　中性4格

この辺りにカフェはありますか？

✓ Point 疑問詞を使わない疑問文です。英語の〈Is/Are there...?〉と同じ意味になります。hier「ここに」を入れることで、「この辺りに」というニュアンスが出せます。

使いかた

「es gibt + 4格」の非人称構文（〜がある／存在する）（→ p.35）の疑問文です。「存在するもの」（名詞）が4格になります。

◆ 街中で

ギプト　エス　ヒーア　アイネン　　　ゲルトアウトマーテン
Gibt es hier einen Geldautomaten?

近くに ATM はありますか？

◆ ホテルのフロントで

ギプト　エス　ヒーア　アイン　イタリエーニッシェス　　レストラーン
Gibt es hier ein italienisches Restaurant?

この辺りにイタリアンレストランはありますか？

ちょっと文法

「es gibt + 4格」を分解すると…

❶ **es** 　　非人称の es。（意味はない。文法上の主語。）

❷ **gibt** 　動詞 geben「与える」の3人称単数形。（「与える」という意味はない。）

❸ **4格** 　「存在するもの」（建物、施設など。）

※ 4格なので、「存在するもの」が男性名詞のときは、不定冠詞は einen となります。
※ 主語は es なので、「存在するもの」が複数形の場合も、動詞 gibt を複数形にする必要はありません。

こんな場面で使います

Case1: 街中で

A
ギプト　エス　ヒーア　アイネン
Gibt es hier einen
ズーパーマルクト
Supermarkt?

近くにスーパーはありますか？

B
ヤー　　ネーベン　　デア　　バンク
Ja, neben der Bank.

はい、銀行の隣ですよ。

語彙 neben「〜の隣に」
→ ここでは3格を続けています。

Case2: 観光案内所などで

A
ギプト　エス　ヒーア　フィーレ　テアーター
Gibt es hier viele Theater?

ここには劇場がたくさんありますか？

B
ナイン　　ヴィア　ハーベン　ヌア　アインス
Nein, wir haben nur eins.

いいえ、1つだけです。

語彙 nur「…だけ」→ 英語の *only* にあたります。
eins「1つ」→ ein Theater の省略形（→ p.71）

応用表現

hier の代わりに、さまざまな場所を入れてみましょう。

ギプト　エス　イン　　　ドイチュラント　　フィーレ　シュレッサー
Gibt es in Deutschland viele Schlösser? ドイツに城はたくさんありますか？

ギプト　エス　イン　ディーザー　シュタット　アイネン　グローセン　パルク
Gibt es in dieser Stadt einen großen Park? この町には大きな公園がありますか？

ギプト　エス　ドルト　アイネン　ヴァンダーヴェーク
Gibt es dort einen Wanderweg? そこにはハイキングコースがありますか？

※ es gibt と4格でワク構造を作るので、場所を示す副詞句は間に入ります。

DL 3_12

Kann man ... 動詞の不定形？

〜はできますか？

一般的に可能かどうかをたずねるときに使います。
不定代名詞の man と話法の助動詞の組み合わせです。

カン　　マン　　ヒーア　　エッセン

Kann man hier essen?

助動詞　　　　代名詞　　　副詞　　　動詞
3人称単数　　　　　　　　　　　　　不定形

ここで食事はできますか？

✓ **Point** 助動詞を使った疑問文なので《Darf ich ...?》と同じ語順になります（→ p.66）。
kann は「可能」を表す助動詞 können の 3 人称単数形です。

使いかた

久々に助動詞の登場ですね。ワク構造、覚えていますか？「助動詞＋主語」
で始め、最後に動詞の不定形を置くのでしたね。

◆ **ホテルで**

カン　　マン　　ライトゥンクスヴァッサー　　トリンケン

Kann man Leitungswasser trinken?

水道水は飲めますか？

◆ **銀行で**

カン　　マン　　ヒーア　　ゲルト　　ヴェクセルン

Kann man hier Geld wechseln?

ここでお金を両替できますか？

ちょっと文法

不定代名詞 man は「一般に人は」を意味し、「われわれ全員」を含みます。
特定の人を指さず、主語を隠したい場面でさまざまに使われます。

マン　　カン　　エス　　ニー　　ヴィッセン

Man kann es nie wissen.

そんなことは絶対にわからない。

ヴィー　　ザークト　　マン　　ダス　　アウフ　　ドイチュ

Wie sagt man das auf Deutsch?

これはドイツ語で何と言いますか？

※ man は文法的には 3 人称単数として扱います。

こんな場面で使います

Case 1: レストランやカフェで

A
カン　マン　ドラウセン　ズィッツェン
Kann man draußen sitzen?
外（の席）に座れますか？

B
ヤー　ビッテ　シェーン
Ja, bitte schön!
はい、どうぞ。

語彙 draußen「外に」
sitzen「座っている」

Case 2: 駅で

A
カン　マン　ヒーア
Kann man hier
ファールカルテン　カウフェン
Fahrkarten kaufen?
ここで乗車券が買えますか？

B
ナイン　ゲーエン　ズィー　ツー　デム
Nein. Gehen Sie zu dem
シャルター　ネーベンアン
Schalter nebenan!
いいえ。隣の窓口へお越しください。

語彙 《Gehen Sie ...!》「～へお越しください。」
→ Sie で話す相手に対する命令文です。

応用表現

疑問詞を使った疑問文も作ってみましょう。文頭に疑問詞を置き、「助動詞→主語」
と続けるので、結果として語順は変わりません。

ヴォー　カン　マン　エッセン
Wo kann man essen? どこで食事ができますか？

ヴォー　カン　マン　ダス　カウフェン
Wo kann man das kaufen? それはどこで買えますか？

ヴァン　カン　マン　ディー　キルヒェ　ベズィヒティゲン
Wann kann man die Kirche besichtigen? いつその教会を見学できますか？

DL
3_13

Müssen wir ... 動詞の不定形？

〜しなくてはいけませんか？

> よく使う話法の助動詞、第4弾です。
> 視点を変えて、複数形にチャレンジしましょう。

ミュッセン　　ヴィア　　ヒーア　　ウムシュタイゲン
Müssen wir hier umsteigen?

助動詞　　　　　代名詞　　副詞　　　　　　　　動詞
1人称複数　　　　　　　　　　　　　　　　　　不定形

ここで(私たちは)乗り換えないといけませんか？

✓**Point**　助動詞を使った疑問文です。《Kann man ...?》と同じ語順ですね。
　　　　　müssen は「必要・義務・強制」などを意味します。

使いかた

複数形の主語にも慣れていきましょう。1人称複数 wir では、動詞（および助動詞）の現在形は不定形と同じで、語尾は -en になります。

◆ **博物館などで**

ミュッセン　　ヴィア　　デン　　アイントリット　　ベツァーレン
Müssen wir den Eintritt bezahlen?
入場料を払わないといけませんか？

◆ **街中で**

ミュッセン　　ヴィア　　アイネン　　ブス　　ネーメン
Müssen wir einen Bus nehmen?
バスを利用しないといけませんか？

ちょっと文法

müssen を sollen「〜するべきだ」に置きかえても、ほぼ同じ意味になります。

ゾレン　　ヴィア　ヒーア　ウムシュタイゲン
Sollen wir hier umsteigen?　ここで乗り換えないといけませんか？

ゾレン　　ヴィア　デン　アイントリット　ベツァーレン
Sollen wir den Eintritt bezahlen?　入場料を払わないといけませんか？

※ müssen には「何がなんでも」のニュアンスが入ります。
※ sollen には「このように決まっている」という、話者以外の意志が入ります。

こんな場面で使います

Case1: 劇場で

A

ミュッセン　　ヴィア　　フォアヘア
Müssen wir vorher
カルテン　　　カウフェン
Karten kaufen?

前もって券を買わないといけませんか？

B

ナイン　　ヴィア　　ハーベン　　アウホ
Nein, wir haben auch
アイネ　　　アーベントカッセ
eine Abendkasse.

いいえ、当日券売場もありますよ。

語彙 Abend「晩」→ 当日券売場は夕方に設けられるので、このように言います。

Case2: 観光施設で

A

ミュッセン　　ヴィア　ヒーア　ディー
Müssen wir hier die
シューエ　　　アウスツィーエン
Schuhe ausziehen?

ここで靴を脱がないといけませんか？

B

ナイン　　ダス　　ミュッセン　　ズィー　ニヒト
Nein, das müssen Sie nicht.

いいえ。その必要はありません。

語彙 Schuhe「靴（複数形）」
文化 スリッパが用意されている観光施設もありますが、靴のまま履きます！

応用表現

müssen の否定は「〜する必要がない」という意味になります（→すぐ上の例文参照）。英語の *must not*（〜してはいけない）とは違うので、注意してください。

ヴィア　ミュッセン　ヒーア　ニヒト　ウムシュタイゲン
Wir müssen hier nicht umsteigen.　ここで乗り換える必要はありません。

ヴィア　ミュッセン　カイネン　ブス　ネーメン
Wir müssen keinen Bus nehmen.　バスを利用する必要はありません。

※「〜してはいけない」は dürfen の否定で表します。
ヒーア　ダルフ　マン　ニヒト　ラウヘン
Hier darf man nicht rauchen.　ここでタバコを吸ってはいけません。

Wir waren ...
〜に行きました。

いよいよ過去形（→ p.23）の登場です。
まずは sein 動詞の過去形を覚えましょう。

ヴィア　　ヴァーレン　　　ホイテ　　イン　アイネム　　ムゼーウム
Wir waren heute in einem Museum.

代名詞　　　　　動詞　　　　　　副詞　　前置詞　　冠詞　　　　　　　名詞
　　　　　　1人称複数　　　　　　　　　　　　　　中性3格

私たちは今日、美術館に行きました。

✓ **Point** 直訳すると「〜にいました」ですが、これで「〜に行きました」という意味を表せます。
sein 動詞と「場所」を組み合わせるだけなので、簡単ですね。

使いかた

sein 動詞（〜である）の過去形は war です。主語が複数人称の場合は
waren となります。語順は、現在形を使うときと同じでしたね（→ p.23）。

◆ 知り合いと

ヴィア　　ヴァーレン　　ノイリッヒ　イン　デム　　ヒネーズィッシェン　　レストラーン
Wir waren neulich in dem chinesischen Restaurant.
最近、あの中華料理店へ行きましたよ。

◆ 朝食の席で

ゲスタン　　　アーベント　　ヴァーレン　ヴィア　イム　　テアーター
Gestern Abend waren wir im Theater.
昨夜は劇場へ行きました。

ちょっと文法

「場所」を表すには、主に前置詞 in を使います。使いかたは4通りで、いず
れも3格を続けます。

❶ **in ＋不定冠詞**　どの「美術館」なのかを特定しないとき
❷ **in ＋定冠詞**　どの「料理店」なのかを文脈上特定できるとき
❸ **im**　どの「劇場」なのかは明確なので、強調しなくてよいとき
※ in dem の融合形。続く名詞が男性名詞か中性名詞の場合のみに使えます。
❹ **in ＋無冠詞**　国名、都市名などを続けるとき

こんな場面で使います

Case1: 同行者と

A
ライゼン　ズィー　フィール
Reisen Sie viel?
旅行はたくさんなさいますか？

B
ヤー　　レツテス　　ヤール　　ヴァーレン
Ja, letztes Jahr waren
ヴィア　イン　　　　グリーヒェンラント
wir in Griechenland.
はい。昨年はギリシアへ行きました。

語彙 viel「たくさん」→ ここでは副詞ですが、形容詞にもなります。

Case2: 一日の終わりに

A
ヴァス　　ハーベン　ズィー　ホイテ　　　ゲマハト
Was haben Sie heute gemacht?
今日は何をなさいましたか？

B
ホイテ　　　モールゲン　　　ヴァーレン　ヴィア
Heute Morgen waren wir
アウフ　デム　　マルクト
auf dem Markt.
今朝、朝市へ行きました。

語彙 haben ... gemacht
→ machen の現在完了形（→ p.22・p.88）
auf「～の上に」

応用表現

国や都市の名前は、原則として冠詞をつけずに使います。

イッヒ　　コンメ　　アウス　ヤーパン
Ich komme aus Japan. 私は日本から来ました。

●国名が女性名詞・複数形の場合のみ、定冠詞をつけます。
※冠詞をつけない国名はすべて中性名詞です。

ズィー　　コムト　　アウス　デア　　シュヴァイツ
Sie kommt aus der Schweiz. 彼女はスイスの出身です。
　　　　　　　　　　　　女性名詞

ヴァーレン　ズィー　イン　デン　ウーエスアー
Waren Sie in den USA? アメリカ合衆国へは行かれましたか？
　　　　　　　　　　複数形

15

DL
3_15

Wir haben ... 過去分詞 .

〜をしました。

一般の動詞を使って、過去のことを話してみましょう。
過去形の代わりに、現在完了形（→ p.22）を使います。

ヴィア	ハーベン	ホイテ	フィーレ	キルヒェン	ゲゼーエン

Wir haben heute viele Kirchen gesehen.

代名詞 / 助動詞 1人称複数 / 副詞 / 形容詞 / 名詞 複数4格 / 動詞 過去分詞

私たちは今日たくさんの教会を見ました。

✔ Point 「haben +過去分詞」で「〜をしました」という過去を表せます。語順としては、
「私たちはしました」→「今日たくさんの教会を見た」のようになります。

使いかた

現在完了形は、ほとんどの動詞で「haben +過去分詞」となります（→ p.22）。
例文では gesehen が過去分詞で、これが文末に置かれてワク構造を作っ
ています。「見たもの」（sehen の目的語）は過去分詞の直前に置かれます。

◆ レストランで

ヴィア　　ハーベン　　ミネラールヴァッサー　　ベシュテルト
Wir haben Mineralwasser bestellt.
ミネラルウォーターを注文しました。

◆ 一日の終わりに

ヴィア　ハーベン　ホイテ　アイネン　シェーネン　プラッツ　ゲフンデン
Wir haben heute einen schönen Platz gefunden.
今日、素敵な場所を見つけました。

ちょっと文法

過去分詞の基本は ge-----t で、間に動詞の語幹が入ります（→ p.23）。よく使
う動詞には不規則動詞が多く、特殊な形を1つずつ覚えていくことになります。

ゼーエン　　ゲゼーエン
sehen → gesehen
見る

フィンデン　　ゲフンデン
finden → gefunden
見つける

※ be- / ver- / ge- などで始まる動詞は、過去分詞に ge- がつきません。
bestellen（ベシュテレン）「注文する」 → bestellt（ベシュテルト） ✕ gebestellt

こんな場面で使います

Case1: レストランで

Ⓐ
ヴィア　　ハーベン　　アイネン
Wir haben einen
ティッシュ　　レザヴィーアト
Tisch reserviert.

予約してあるのですが。

Ⓑ
ヴィー　イスト　イーア　　ナーメ
Wie ist Ihr Name?

お名前は何とおっしゃいますか？

語彙 Tisch「テーブル」
reserviert → reservieren（レザヴィーレン）
「予約する」 の過去分詞。-ieren で終わる動
詞は過去分詞に ge- がつきません。

Case2: 外を見て

Ⓐ
オー　　エス　レークネット
Oh, es regnet.

あ、雨ですね。

Ⓑ
オー　　ナイン　イッヒ　ハーベ　　マイネン
Oh nein, ich habe meinen
シルム　　　フェアゲッセン
Schirm vergessen.

あ、しまった、傘を忘れてきました。

語彙 vergessen → vergessen「忘れる」の過去分詞。
ver- で始まる動詞も、過去分詞に ge- がつきません。
vergessen の場合は、不定形と過去分詞が同じ形になります。

応用表現

ドイツ語の現在完了形は、時制として過去形と同等ですが、gerade「ちょうど今」
という副詞を添えることで、たった今完了したという状況を表せます。英語の現在
完了形にも、この用法がありますね。

ヴィア　　ハーベン　イーン　グラーデ　　ゲゼーエン
Wir haben ihn gerade gesehen. ちょうど彼に会った／彼を見かけたところです。

ヴィア　　ハーベン　グラーデ　ツー　ミッターク　ゲゲッセン
Wir haben gerade zu Mittag gegessen. ちょうど昼食を済ませたところです。

※ gegessen は essen（エッセン）「食事をする」の過去分詞

Step 3

16

DL
3_16

Wir sind ... 過去分詞.

〜へ出かけました。

一部の動詞は、現在完了形で sein 動詞を
使うのでしたね（→ p.22）。使い分けは戸惑う
ところですが、丸ごと覚えてしまいましょう。

ヴィア	ズィント	ホイテ	イン	ディー	シュタット	ゲファーレン

Wir sind heute in die Stadt gefahren.

代名詞	助動詞	副詞	前置詞	冠詞	名詞	動詞
	1人称複数				女性4格	過去分詞

私たちは今日、街中へ出かけました。

✓ Point fahren など一部の動詞では、現在完了形が「sein ＋過去分詞」となります（→ p.22）。
語順は「haben ＋過去分詞」のときと変わりません。

使いかた

現在完了形で sein を使う動詞は、主に場所の移動を表す自動詞です。代表
的なものは、fahren「乗り物で行く」と gehen「[歩いて]行く」。つまり、「ど
こかへ行った」ことを言うときに、sein を使えばよいのです。

◆ 一日の終わりに

ヴィア　ズィント イン アイン　　アンデレス　　　レストラーン　　　ゲガンゲン

Wir sind in ein anderes Restauraunt gegangen.

私たちは別のレストランへ行きました。

◆ 街中で

ヴィア　ズィント　ツー　　フース　　　ゲコンメン

Wir sind zu Fuß gekommen.

私たちは歩いてきました。

ちょっと文法

1 不規則動詞は過去分詞が ge-----n の形をとります。

ファーレン　　　ゲファーレン	ゲーエン　　　ゲガンゲン	コンメン　　　ゲコンメン
fahren → gefahren	**gehen → gegangen**	**kommen → gekommen**
乗り物で行く	（歩いて）行く	来る

2「方向」を表すとき、前置詞 in のあとは4格になります。

（中性名詞の場合、in das の融合形の ins をよく使います。）

90

こんな場面で使います

Case1: 観光地で

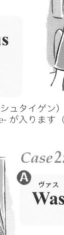

A
ヴィー　ズィント　ズィー　　ゲファーレン
Wie sind Sie gefahren?
どのように乗って行かれましたか？

B
ヴィア　ズィント　アム　　ラートハウス
Wir sind **am Rathaus**
ウムゲシュティーゲン
umgestiegen.
市庁舎のところで乗り換えました。

語彙 umgestiegen → umsteigen（ウムシュタイゲン）「乗り換える」の過去分詞。
分離動詞なので、過去分詞は間に ge- が入ります（→ p.23）。

Case2: 一日の終わりに

A
ヴァス　　ハーベン　　ズィー　　ホイテ　　ゲマハト
Was haben Sie heute gemacht?
今日は何をなさいましたか？

B
ヴィア　ズィント　ウューバー　デン
Wir sind **über den**
フローマルクト　　　　ゲラウフェン
Flohmarkt **gelaufen.**
蚤の市を歩き回りました。

語彙 über「〜の上を」→ 英語の *over* にあたります。
laufen（ラウフェン）「歩く、走る」

応用表現

現在完了形で sein を使う動詞には、「状態の変化」を表す自動詞もあります
（→ p.22）。

ヴィア　ズィント　ゼーア　フリュー　　アウフゲシュタンデン
Wir sind sehr früh aufgestanden. 私たちはとても早く起きました。

ヴィア　ズィント　フロインデ　　ゲヴォルデン
Wir sind Freunde geworden. 私たちは友だちになりました。

※ aufgestanden は aufstehen「起きる」、geworden は werden「〜になる」の過去分詞。

... hat mir gefallen.

〜が気に入りました。

> 引き続き、現在完了形で過去のことを語っていきます。
> 3人称も使えるようになりましょう。

ディー　　　　　ラントシャフト　　　　ハット　ミア　　ゲファレン

Die Landschaft hat mir gefallen.

冠詞　　　　　　名詞　　　　　　　　助動詞　　代名詞　　　動詞
女性1格　　　　　　　　　　　　　　3人称単数　　　　　　過去分詞

景色が（私の）気に入りました。

✔ **Point**　「haben ＋過去分詞」なので現在完了形です。「気に入ったもの」が主語になります。

使いかた

gefallen「気に入る」という動詞は、「物」が主語になります。単数であれば3人称単数、複数であれば3人称複数になるわけですね。「だれの」気に入ったか、という情報は3格で表します。

◆ ホテルのチェックアウトで

ダス　フリューシュテュック　ハット　ウンス　　ゲファレン

Das Frühstück hat uns gefallen.

私たちは朝食が気に入りました。

◆ 買った本を見て

ディー　ビルダー　　ハーベン　ミア　　ゲファレン

Die Bilder haben mir gefallen.

私は写真が気に入りました。

ちょっと文法

gefallen は不規則動詞です。3人称単数の現在形で a → ä と音が変わります。

ダス　ブーフ　ゲフェルト　ミア

Das Buch gefällt mir.　私はこの本が気に入っています。

3人称単数

ディー　ビューヒャー　ゲファレン　ミア

Die Bücher gefallen mir.　私はこれらの本が気に入っています。

3人称複数

※ gefallen の過去分詞には ge- がつかず、不定形と同じ gefallen になります（→ p.88）。

こんな場面で使います

Case1: 一日の終わりに

Ⓐ
ヴィー　ヴァー　エス　イン　デア　シュタット
Wie war es in der Stadt?
街中はいかがでしたか？

Ⓑ
ディー　ファールト　ミット　デア
Die Fahrt mit der
シュトラーセンバーン　ハット　ミア　ゲファレン
Straßenbahn hat mir gefallen.
市電に乗ったのがよかったです。

語彙 Fahrt「走行」→ 動詞 fahren の名詞形
　　mit「～とともに」

Case2: 観光のあとで

Ⓐ
ヴァーレン　ズィー　イン　デア　キルヒェ
Waren Sie in der Kirche?
教会の中には入りましたか？

Ⓑ
オー　ヤー　ディー　ブンテン　フェンスター
Oh ja, die bunten Fenster
ハーベン　ミア　ベゾンダース　ゲファレン
haben mir besonders gefallen.
あ、はい。ステンドグラスが特に気に入りました。

語彙 bunt「色とりどりの」　Fenster「窓」（単複同形）
　　besonders「特に」

応用表現

さまざまな人称で、3格を使えるようにしておきましょう。

ハット　エス　イーネン　ゲファレン
Hat es Ihnen gefallen?（あなたは）お気に召されましたか？

ディー　シフスライゼ　ハット　イーム　ゲファレン
Die Schiffsreise hat ihm gefallen. 船旅が彼の気に入りました。

イーア　ハット　エス　イン　ドイチュラント　ゲファレン
Ihr hat es in Deutschland gefallen. 彼女はドイツが気に入りました。

※3格は、文頭に置くこともできます。
※3つめの文の es は非人称の主語です（→ p.34）。

Ich war ...
私は〜でした。

そのときどう思ったのか、自分の気持ちを
言ってみましょう。sein 動詞の過去形を使います。

イッヒ　　ヴァー　　　　　ベガイステアト　　　　フォン　　デア　　　グレーセ
Ich war begeistert von der Größe.

代名詞　　動詞　　　　　　　形容詞　　　　　　　前置詞　　冠詞　　　　名詞
　　　　1 人称単数　　　　　　　　　　　　　　　　　　　　女性 3 格

私はその大きさに感動しました。

Point 今度は「思っている人」（＝自分）が主語になります。sein 動詞のあとに、形容詞を
続けます。

使いかた

begeistert は「感激／感動した」という意味の形容詞です。このあとに
「von ＋ 3 格」を続けると、感動した内容を述べることができます。

◆ 一日の終わりに

イッヒ　ヴァー　フロー　ウューバー　ダス　ヴェッター
Ich war froh über das Wetter.
お天気で嬉しかったです。

◆ 旅行の終わりに

ヴィア　　ヴァーレン　ツーフリーデン　ミット　デア　グルッペ
Wir waren zufrieden mit der Gruppe.
このグループに満足していました。

ちょっと文法

形容詞ごとに、どんな前置詞と組み合わせるかが決まっています。気に入っ
たものから覚えていくといいですね。

フロー　　ウューバー
froh ［über ＋ 4 格］
〜を喜ぶ

ツーフリーデン　ミット
zufrieden ［mit ＋ 3 格］
〜に満足している

こんな場面で使います

Case1: 次の日に

A
ヴァーレン　ズィー　イン　デム　コンツェルト
Waren Sie in dem Konzert?
コンサートへ行かれましたか？

B
ナイン　　　ゲスタン　　　アーベント
Nein, gestern Abend
ヴァー　イッヒ　ショーン　ミューデ
war ich schon müde.
いいえ。昨夜はもう疲れていました。

語彙 schon「すでに、もう」

Case2: 同行者と

A
ハーベン　　ズィー　グート　　ゲシュラーフェン
Haben Sie gut geschlafen?
（昨日は）よく眠れましたか？

B
ナイン　　　イッヒ　ヴァー　　　ゲシュパント
Nein. Ich war gespannt
アウフ　ディー　ライゼ
auf die Reise.
いいえ。旅行が楽しみでたまらなかったので。

語彙 gespannt［auf + 4格］「期待して待ちわびている」

応用表現

形容詞を強調するときは、sehr「とても」、so「非常に」、ganz「すっかり」などの副詞を使います。

エス　ヴァー　ゼーア　シェーン
Es war sehr schön.　それはとても素敵でした。

ダス　エッセン　ヴァー　ゾー　グート
Das Essen war so gut.　食事が非常によかったです。

ヴィア　ヴァーレン　ガンツ　トラウリッヒ
Wir waren ganz traurig.　私たちはすっかり悲しくなっていました。

Wenn 〜 , ...

もし〜なら、…

最後に、副文を練習しておきましょう。
まずは、条件を述べる文です。

ヴェン	ズィー	ミューデ	ズィント	ゲーエン	ヴィア	ツーリュック	インス	ホテール

Wenn Sie müde sind, gehen wir zurück ins Hotel.

接続詞　代名詞　形容詞　動詞　　　動詞　　　代名詞　　副詞　　　前置詞＋冠詞　名詞
　　　　　　　　　　　　2人称単数　1人称複数　　　　　　　　　　　　　　　　　中性4格

もしあなたが疲れているなら、私たちはホテルに戻りましょう。

✓ **Point** 接続詞 wenn を使って、「もし〜なら」という副文を作ります。副文では、動詞をいちばん最後に言います。

使いかた

主文では2番目にあるはずの動詞が、副文では文末に置かれます。

　　　Sie sind müde.　→　Wenn Sie müde sind, ...

→ 結果として、日本語の語順と同じになっています！

◆ 出発前に

ヴェン　ヴィア　ベライト　ズィント　ルーフェン　ヴィア　ズィー　アン
Wenn wir bereit sind, rufen wir Sie an.
準備ができたらお電話します。

※副文のあとに続く主文は、動詞がはじめに来るのでしたね（→ p.24）。

◆ 観光の前に

イッヒ　ビン　フロー　ヴェン　イッヒ　ダス　シュロッス　ゼーエン　カン
Ich bin froh, wenn ich das Schloss sehen kann.
お城を見ることができたら嬉しいです。

ちょっと文法

接続詞 wenn には、次の2つの意味があります。

❶ もし〜なら　［英語の *if* にあたります］

❷ 〜するとき　［英語の *when* にあたります］

※逆に英語の *when* は、3つのドイツ語で使い分けます。
　① いつ　wann（ヴァン）　② 〜するとき　wenn（ヴェン）　③ 〜したとき　als（アルス）

こんな場面で使います

Case1: 観光の前に

A ヴァス ゾル マン ウンベディンクト ゼーエン
Was soll man unbedingt sehen,
ヴェン マン イン ミュンヒェン イスト
wenn man in München ist?

ミュンヘンに行ったら、何を絶対に見るべきですか？

B ダス ホーフブロイハウス ヴェン ズィー
Das Hofbräuhaus, wenn Sie
ゲルン ビーア トリンケン
gern Bier trinken.

ビールを飲むのがお好きなら、ホーフブロイハウスです。

語彙 unbedingt「絶対に」

Case2: 移動の前に

A ヴェン ヴィア アイン タクスィー ネーメン
Wenn wir ein Taxi nehmen,
コンメン ヴィア シュネラー アン
kommen wir schneller an.

タクシーを利用すれば、早く着きますよ。

B ヤー アーバー エス コステット アウホ
Ja, aber es kostet auch
メーア ゲルト
mehr Geld.

そうですが、お金も多くかかりますね。

語彙 kommen ... an「到着する」（分離動詞）　　aber「しかし」
schneller「より早く」→形容詞 schnell(シュネル) の比較級。ここでは副詞
mehr「よりたくさん」→形容詞 viel(フィール) の比較級

応用表現

wenn を過去形（または現在完了形）といっしょに使うと、「～したときはいつも」を表します。

ヴェン イッヒ アウフ デア ライゼ ヴァー ハッテ イッヒ インマー マイネ
Wenn ich auf der Reise war, hatte ich immer meine
カーメラ ダーバイ
Kamera dabei.　旅行に行くときは、いつも自分のカメラを持っていった。

※「～したとき」という1回きりの過去には、wenn ではなく als（アルス）を使います。
アルス イッヒ アウフ デア ライゼ ヴァー ヴァー イッヒ ガンツ グリュックリッヒ
Als ich auf der Reise war, war ich ganz glücklich.　旅行に出て、私はすっかり幸せな気分だった。

..., weil ～

なぜなら～だから…

引き続き、副文の練習です。
理由を述べる文も、会話でよく使いますね。

イッヒ	メヒテ	ツーリュック	インス	ホテール	ヴァイル	イッヒ	ミューデ	ビン

Ich möchte zurück ins Hotel, weil ich müde bin.

代名詞	助動詞 1人称単数	副詞	前置詞＋冠詞	名詞 中性4格	接続詞	代名詞	形容詞	動詞 1人称単数

(私は)疲れているので、私はホテルに戻りたい。

✔ **Point** 接続詞 weil（ヴァイル）を使って、「なぜなら～だから」という副文を作ります。副文の中の語順は wenn を使ったときと同じです。

使いかた

weil で始まる文も副文になるので、動詞は文末に置かれます。日本語では「～だから、……」という語順になりますが、ドイツ語では、weil 以下は主文のあとに付け加えるほうが自然です。

◆ 観光地で

ダス	ムゼーウム	イスト	ゲシュロッセン	ヴァイル	エス	ホイテ	モンターク	イスト

Das Museum ist geschlossen, weil es heute Montag ist.
今日は月曜日なので、美術館は閉まっています。

◆ 一日の終わりに

イッヒ	カン	ニヒト	メーア	ラウフェン	ヴァイル	イッヒ	シュメルツェン	ハーベ

Ich kann nicht mehr laufen, weil ich Schmerzen habe.
痛みがあるので、もう歩けません。

ちょっと文法

副文の中の語順を確認しておきましょう。日本語と同じになることが多いです。

従属接続詞 →	主語 →	副詞	→ 目的語／補語	→ 動詞
weil	ich		müde	bin
weil	es	heute	Montag	ist
weil	ich		Schmerzen	habe

こんな場面で使います

Case1: 食事のあとで

A
ヴァス　　マッヘン　　ヴィア　イェツト
Was machen wir jetzt?
これから何をしましょうか？

B
イッヒ　　メヒテ　　ズィッツェン　ブライベン
Ich möchte sitzen bleiben,
ヴァイル イッヒ ツー フィール　　ゲゲッセン　　ハーベ
weil ich zu viel gegessen habe.
食べすぎたので、座っていたいです。

語彙 zu viel「あまりに多く」

Case2: 買物のあとで

A
ヴァルーム　　　　ハーベン　ズィー　ダス　　ゲカウフト
Warum haben Sie das gekauft?
なぜそれを買ったのですか？

B
ヴァイル　イッヒ　ディー　　ファルベ　　マーク
Weil ich die Farbe mag.
色が好きだからです。

語彙 mag → 話法の助動詞 mögen（モェーゲン）「～が好きだ」
の１人称単数

応用表現

「なぜ？」と聞かれて、理由が言えないときもありますね。そのようなときは、次のように答えてみましょう。

イッヒ　ヴァイス　エス　ニヒト
Ich weiß es nicht. わかりません。

イッヒ　ヴァイス　ニヒト　ヴァルーム
Ich weiß nicht warum. なぜかはわかりません。

ヌア　ゾー
Nur so. なんとなく。

※動詞 wissen（ヴィッセン）「知っている」は、現在形で特殊な形になります。
ich / er weiß（ヴァイス）　　wir / Sie wissen（ヴィッセン）

1．次のような場面で、どのように言ったらよいでしょうか？
指定された「超基本フレーズ」を使って、言ってみましょう。

(1) レストランでミネラルウォーターがほしいとき Mineralwasser「ミネラルウォーター」
haben「持っている、手に入れる」

❶ ..., bitte!　〔　　　　　　　　　　　　　　　　　　〕

❷ Ich möchte ...（＋名詞）〔　　　　　　　　　　　　　　　〕

❸ Ich möchte ...（＋動詞）〔　　　　　　　　　　　　　　　〕

❹ Darf ich ...?　〔　　　　　　　　　　　　　　　　　〕

(2) スーパーでガムを買いたいとき Kaugummi「ガム」

❶ Wo ist ...?　〔　　　　　　　　　　　　　　　　　〕

❷ Haben Sie ...?　〔　　　　　　　　　　　　　　　　　〕

(3) 郵便局をさがしているとき Post「郵便局」［女性名詞］

❶ Wo ist ...?　〔　　　　　　　　　　　　　　　　　〕

❷ Gibt es hier ...?　〔　　　　　　　　　　　　　　　　　〕

(4) 目の前の建物に入ってよいか知りたいとき hineingehen「（中に）入る」

❶ Darf ich ...?　〔　　　　　　　　　　　　　　　　　〕

❷ Kann man ...?　〔　　　　　　　　　　　　　　　　　〕

(5) 自分のカバンが見当たらないとき Tasche「カバン」［女性名詞］

❶ Wo ist ...?　〔　　　　　　　　　　　　　　　　　〕

❷ Ich habe kein ...　〔　　　　　　　　　　　　　　　　　〕

２．適切な助動詞を選びましょう。(1)〜(4)は「超基本フレーズ」、(5)〜(8)はそれ以外の文です。

(1) 〔Soll・Darf〕 ich das mitnehmen?　持っていってもいいですか？

(2) 〔Kann・Muss〕 man das essen?　これは食べられるものですか？

(3) 〔Können・Müssen〕 wir jetzt bezahlen?　いま支払わないといけませんか？

(4) Ich 〔darf・möchte〕 ins Kino gehen.　映画館へ行きたいです。

(5) 〔Soll・Darf〕 ich helfen?　お手伝いしましょうか？

(6) Wann 〔kann・können〕 wir Karten kaufen?　チケットはいつ買えますか？

(7) 〔Müssen・Muss〕 er sofort nach Hause?　彼はすぐに家に戻らないといけませんか？

※文末の不定形を省略した文です。(8)も同様です。

(8) 〔Möchte・Möchten〕 Sie auch einen Kaffee?

あなたもコーヒーをお飲みになりたいですか？

話法の助動詞の
使いかたは、p.21・66に
あったね！

3. (1) 〜 (2) は過去形、(3) 〜 (7) は現在完了形にしましょう。

(1) **Der Schlossgarten ist sehr groß.** お城の庭園はとても大きい。

➡ Der Schlossgarten _____ .

(2) **Wir haben keine Zeit.** 私たちは時間がありません。

➡ Wir _____ .

(3) **Wir sehen zuerst die Ausstellung.** 私たちはまず展示を見ます。

➡ Wir _____ .

(4) **Ich mache eine Rundfahrt.** 私は周遊をします。

➡ Ich _____ .

(5) **Das bestelle ich nicht.** これを私は注文しません。 [bestellen → bestellt]

➡ Das _____ .

(6) **Ich gehe zum ersten Mal in den Biergarten.** 私は初めてビアガーデンへ行きます。 [gehen → gegangen]

➡ Ich _____ .

(7) **Wir bleiben dort drei Tage.** 私たちは3日間そこにいます。 [bleiben → geblieben]

➡ Wir _____ .

解 答

1. (1) ❶ Mineralwasser, bitte!
　ミネラールヴァッサー　ビッテ

　　 ❷ Ich möchte Mineralwasser.
　イッヒ　メヒテ　ミネラールヴァッサー

　　 ❸ Ich möchte Mineralwasser haben.
　イッヒ　メヒテ　ミネラールヴァッサー　ハーベン

　　 ❹ Darf ich Mineralwasser haben?
　ダルフ　イッヒ　ミネラールヴァッサー　ハーベン

(2) ❶ Wo ist Kaugummi?
　ヴォー　イスト　カウグミ

　　 ❷ Haben Sie Kaugummi?
　ハーベン　ズィー　カウグミ

(3) ❶ Wo ist die Post? / Wo ist eine Post?
　ヴォー　イスト　ティー　ポスト　ヴォー　イスト　アイネ　ポスト

　　 ❷ Gibt es hier eine Post?
　ギブト　エス　ヒーア　アイネ　ポスト

(4) ❶ Darf ich hineingehen?
　ダルフ　イッヒ　ヒナインゲーエン

　　 ❷ Kann man hineingehen?
　カン　マン　ヒナインゲーエン

(5) ❶ Wo ist meine Tasche?
　ヴォー　イスト　マイネ　タッシェ

　　 ❷ Ich habe keine Tasche.
　イッヒ　ハーベ　カイネ　タッシェ

2. (1) Darf　　■ Soll を選ぶと「持っていきましょうか？」という意味になります

(2) Kann　　■ Muss を選ぶと「食べないといけませんか？」という意味になります

(3) Müssen　　■ Können を選ぶと「いま支払えますか？」という意味になります

(4) möchte　　■ darf を選ぶと「映画館へ行くことが許されている」という意味になります

(5) Soll　　■ sollen は相手の意向をたずねるときに使います

(6) können　　■ 主語が wir なので、語尾に -en がつきます

(7) Muss　　■ 主語が er なので、ich と同じ現在形になります

(8) Möchten　　■ 主語が Sie なので、語尾に -en がつきます

3. (1) (Der Schlossgarten) war sehr groß.
　デア　シュロッスガルテン　ヴァー　ゼーア　グロース

(2) (Wir) hatten keine Zeit.
　ヴィア　ハッテン　カイネ　ツァイト

(3) (Wir) haben zuerst die Ausstellung gesehen.
　ヴィア　ハーベン　ツーエアスト　ティー　アウスシュテルンク　ゲゼーエン

(4) (Ich) habe eine Rundfahrt gemacht.
　イッヒ　ハーベ　アイネ　ルントファールト　ゲマハト

(5) (Das) habe ich nicht bestellt.
　ダス　ハーベ　イッヒ　ニヒト　ベシュテルト

(6) (Ich) bin zum ersten Mal in den Biergarten gegangen.
　イッヒ　ビン　ツム　エアステン　マール　イン　デン　ビーアガルテン　ゲガンゲン

(7) (Wir) sind dort drei Tage geblieben.
　ヴィア　ズィント　ドルト　ドライ　ターゲ　ゲブリーベン

時間の言いかた

ドイツ語圏では原則として 24 時間表記です。
「○時半」の言いかたが他の文化圏と違うので、特に注意
してください。

数字での表記

午前 8 時 40 分	午後 8 時 40 分
アハト ウーア フィーアツィヒ 8.40 Uhr （acht Uhr vierzig）	ツヴァンツィヒ ウーア フィーアツィヒ 20.40 Uhr （zwanzig Uhr vierzig）

● 書くときは、「時」と「分」の間にピリオドを打ちます。
● 読むときは、「時」と「分」の間に Uhr を入れます。

「○時です」

エス イスト アイン ウーア Es ist ein Uhr.　1時です。	エス イスト アインス Es ist eins.　1時です。
エス イスト アハツェーン ウーア Es ist 18 Uhr.　午後 6 時です。	エス イスト ゼックス Es ist sechs.　（午後）6 時です。

● 時間を言うときは非人称の es を使います（→ p.34）。
● 「○時ちょうど」のときは、Uhr を省略して言うことができます。[12 時間表記のみ]

「○時半です」　[12 時間表記のみ]

エス イスト ハルプ アインス Es ist halb eins.　12 時半です。	エス イスト ハルプ フュンフ Es ist halb fünf.　4 時半です。

● halb は「半分」という意味です。「1 時の半分」= 12 時半、「5 時の半分」= 4 時半、
というように、30 分前を言うことになるので注意しましょう。

その他の言いかた　[12 時間表記のみ]

エス イスト ツェーン フォア ズィーベン Es ist zehn vor sieben.　7時10分前です。	エス イスト ツェーン ナーハ ズィーベン Es ist zehn nach sieben.　7時10分です。
エス イスト フィアテル フォア ツェーン Es ist Viertel vor zehn.　10時15分前です。	エス イスト フィアテル ナーハ ツェーン Es ist Viertel nach zehn.　10時15分です。

● vor は「前」、nach は「後」を表します。Viertel は「4 分の1」= 15 分を表します。
● 「○時に」を言うときは、前置詞 um を添えます。

例 ヴィア コンメン ウム フィアツェーン ウーア ドライスィヒ アン
Wir kommen um 14.30 Uhr an.　「私たちは午後 2 時 30 分に到着します。」

Step4

これで旅行もバッチリ！
場面別定番フレーズ

イム　フルークハーフェン
Im Flughafen
空港で

DL
4_01

アプフェアティグングクスシャルター
● **ein Abfertigungsschalter**
チェックイン・カウンター

コッファー
● **ein Koffer**
スーツケース

ボルトカルテ
● **eine Bordkarte**
搭乗券

ズィッヒャーハイツコントローレ
● **die Sicherheitskontrolle**
セキュリティー・チェック

ヴォー　イスト　デア　タクスィーシュタント
Wo ist der Taxistand?
タクシー乗り場はどこですか？

　※●は男性名詞、●は女性名詞、●は中性名詞、●は複数形の単語です。

空港内で使える フレーズ

Step4
1

DL 4_02

さあ、ドイツに到着です。
さっそくドイツ語を使ってみましょう！

入国審査にて

ヴィー　　　ランゲ　　　ブライベン　　ズィー
Wie lange bleiben Sie
イン　　　　　ドイチュラント
in Deutschland?

ドイツにはどのくらい滞在されますか？

イッヒ　　ブライベ　　ヒーア
Ich bleibe hier
ツヴァイ　　ヴォッヘン
zwei Wochen.

2週間ここにいます。

- 期間を表すのに、前置詞はいりません。名詞がそのまま副詞になります。
- 正確な数字を言う必要はありませんが、自分の滞在期間を練習しておきましょう。

ツェーン　ターゲ
◆ **Zehn Tage.**
10日間です。

アイネン　モーナート
◆ **Einen Monat.**
1か月です。

アイン　ヤール
◆ **Ein Jahr.**
1年です。

※厳密には、期間を言う副詞は4格になります。男性名詞で単数のときは注意しましょう。

定番フレーズ1 手荷物引き渡し所にて

マイン　ゲペック　イスト　ニヒト　ダー
Mein Gepäck ist nicht da.

荷物が出てきません。

表現 ist ... da「そこにある」

定番フレーズ2 案内所にて

ヴォー　カン　マン　ゲルト　ヴェクセルン
Wo kann man Geld wechseln?

両替はどこでできますか？

表現 Wo kann man ...?「どこで〜できますか。」→ man を使って「一般に人は」を表します。

言いかえ Wo kann man telefonieren? 「電話はどこでできますか？」

定番フレーズ3 案内所にて

ギプト　エス　ヒーア　アイネ　アポテーケ
Gibt es hier eine Apotheke?

ここに薬局はありますか？

文化 市内のお店は早い時間に閉まってしまうことも多いので、買い忘れたものがあれば、空港で買ってしまったほうが便利です。

表現 es gibt + 4 格「〜がある」（→ p.35・p.80）

定番フレーズ4 帰りのチェックイン・カウンターにて

イッヒ　メヒテ　アイネン　ズィッツ　アム　フェンスター
Ich möchte einen Sitz am Fenster.

窓側の席がいいです。

表現 an「〜に接して」→ am は an dem の融合形です。

言いかえ Ich möchte einen Sitz am Gang. 「通路側の席がいいです。」

Step 4 / 2　タクシー乗り場などで 使えるフレーズ

> 空港から出たら、もうそこは「生」のドイツ。
> 街へくり出すためのフレーズを覚えましょう。

タクシー乗り場をさがす

ヴォー　イスト　デア　タクスィーシュタント
Wo ist der Taxistand?

タクシー乗り場はどこですか？

ディレクト　フォア　デア　テュア
Direkt vor der Tür.

扉を出てすぐのところです。

- 場所をたずねる文は《Wo ist ...?》でしたね（→ p.68）。
- Taxistand の -stand は「立っているところ」を意味します。文字通りには「乗り場」ではなく、「タクシーが待っているところ」なのです。

※街中にも、人が集まるところには Taxistand が必ずあります。流しのタクシーを拾う習慣はないので、タクシーに乗りたいときは、乗り場をさがすか、電話で呼ばなくてはいけません。

定番
フレーズ
1
タクシーにて

<small>ツム　　　ホテール　　ケーニヒスホーフ　　イム　　ツェントルム　　ビッテ</small>
Zum Hotel Königshof im Zentrum, bitte!

市中心部にあるホテル・ケーニヒスホーフまでお願いします。

語彙　zu「〜まで」→ zum は zu dem の融合形です。

言いかえ　<small>ツア　　メッセ</small>　Zur Messe, bitte!「メッセ会場までお願いします。」→ zur は zu der の融合形です。

定番
フレーズ
2
タクシーに乗る前に

<small>ネーメン　　ズィー　　クレディートカルテン　　アン</small>
Nehmen Sie Kreditkarten an?

カードで支払えますか？

直訳「あなたはクレジットカードを受け入れますか？」

語彙　nehmen ... an「受け入れる」[分離動詞]

定番
フレーズ
3
レンタカーのオフィスで

<small>グーテン　　ターク　　イッヒ　　ハーベ　　アイネン　　ミートヴァーゲン　　レザヴィーアト</small>
Guten Tag! Ich habe einen Mietwagen reserviert.

こんにちは。レンタカーを予約したのですが。

語彙　reservieren「予約する」→ -ierenで終わる動詞なので、過去分詞に ge- がつきません。

定番
フレーズ
4
空港駅のカウンターにて

<small>ヴェルヒャー　　ツーク　　フェールト　　ナーハ　　ケルン</small>
Welcher Zug fährt nach Köln?

どの列車がケルンへ行きますか？

文化　フランクフルト空港などでは、空港と鉄道駅が直結していて、近隣の都市への移動がしやすくなっています。

表現　welch「どの」→ 次に来る名詞の性・数に合わせて語尾が変化します。
nach「〜へ」→ 都市名を続けて言うと、行き先になります。

●**das Zimmer**
ツィンマー
部屋

●**das Fenster**
フェンスター
窓

●**der Vorhang**
フォアハンク
カーテン

●**die Wand**
ヴァント
壁

●**die Heizung**
ハイツンク
暖房器具

●**das Bett**
ベット
ベッド

●**der Fernseher**
フェアンゼーアー
テレビ

Ich habe ein Problem
イッヒ　ハーベ　アイン　プロブレーム

mit dem Zimmer.
ミット　デム　ツィンマー
部屋に問題があります。

●**das Telefon**
テレフォーン
電話

●**ein Stuhl**
シュトゥール
いす

●**eine Dusche**
ドゥーシェ
シャワー

●**das Bad**
バート
風呂

●**ein Sessel**
ゼッセル
ひじ掛けいす

113

フロントで使えるフレーズ

初めて訪れるホテルでは、どきどきしますね。
ドイツ語を使って、快適な滞在にしましょう。

予約がある場合のチェックイン

> イッヒ　ハーベ　アイネ　　レザヴィールンク
> **Ich habe eine Reservierung**
> フュア　ツヴァイ　ネヒテ
> **für zwei Nächte.**
>
> 2泊の予約をしているのですが。

> ヴィー　イスト　イーア　ナーメ
> **Wie ist Ihr Name?**
>
> お名前は何とおっしゃいますか？

- 前置詞 für は予定した期間を表し、4格を続けます。
- 何泊かを言うときは、Nacht「夜」を使います。（女性名詞です。）

フュア　アイネ　ナハト
◆ **Für eine Nacht.**
1泊です。

フュア　ドライ　ネヒテ
◆ **Für drei Nächte.**
3泊です。

フュア　アイネ　ヴォッヘ
◆ **Für eine Woche.**
1週間です。

予約がない場合のチェックイン

ハーベン　ズィー　アイン　　　　　　ドッペルツィンマー　　　フライ
Haben Sie ein Doppelzimmer frei?

ツインルームは空いていますか？

語彙 Doppel-「二重の」→「ドッペルゲンガー」でおなじみですね。

言いかえ Haben Sie ein Einzelzimmer frei?「シングルルームは空いていますか？」
アインツェルツィンマー

自分の名前を言う

マイン　　ナーメ　イスト　スーズーキー　　エス　ウー　ツェット　ウー　カー　イー
Mein Name ist Suzuki – S-U-Z-U-K-I.

私の名前は鈴木です。S-U-Z-U-K-I と綴ります。

表現 Mein Name ist ...「私の名前は…です。」→フロントなどで名前を告げるときに使います。
※《Ich heiße ...》は、自己紹介のときに使います（→ p.44）。

部屋の希望を言う

イッヒ　　メヒテ　　アイン　　ツィンマー　　ミット　バート
Ich möchte ein Zimmer mit Bad.

バス付きの部屋がいいです。

文化 ドイツのホテルはシャワーだけの部屋が多いので、バスタブを使いたいときはこのように言いましょう。
※ Bad には「バスルーム」の意味もあるので、mit einer Badewanne（ミット・アイナー・バーデヴァンネ）「バスタブ付き」と言うと、より正確に意図が伝えられます。

チェックアウトの際に

エス　　ヴァー　　ゼーア　　シェーン　　バイ　イーネン
Es war sehr schön bei Ihnen.

ここはとても居心地がよかったです。

語彙 bei「〜のところで」

Step 4

4

DL 4_06

ホテルのサービス に関するフレーズ

> ホテルによって、サービスの内容は違います。
> してもらいたいことがあったら、しっかり伝えましょう。

荷物を運んでもらう

イスト　ダス　イーア　ゲペック

Ist das Ihr Gepäck?

こちらがあなたのお荷物ですか？

ヤー　　　ツィンマー　ドライホゥンデアトフュンフ　ビッテ

Ja. Zimmer 305, bitte.

はい。305号室までお願いします。

- 大きなホテルでは係の人が荷物を運んでくれるので、部屋番号を言いましょう。
- 運んでもらったら、1～2ユーロ程度のチップを渡します。小銭を用意しておくといいですね。
- 部屋番号を、英語の *three-o-five* のように1桁ずつ読む習慣はありません。ふつうの数字と同じように読みましょう（→ p.40）。

タクシーを呼んでもらう ▮

ケンネン　ズィー　ビッテ　アイン　タクスィー　ルーフェン
Können Sie bitte ein Taxi rufen?

タクシーを呼んでいただけますか？

表現 Können Sie (bitte) ...?「～していただけますか？」
→ bitte を「お願いします」の意味で付け加えると、丁寧になります。

モーニングコールを頼む ▮

ケンネン　ズィー　ミッヒ　モールゲン　フリュー　ウム　ゼックス　ウーア　ヴェッケン
Können Sie mich morgen früh um 6 Uhr wecken?

明日の朝6時に起こしていただけますか？

表現 mich ... wecken「私を起こす」→ 代名詞はなるべく先に言います。

語彙 morgen früh「明日の朝」

朝食の前に ▮

ヴォー　イスト　デア　　フリューシュテュックスラウム
Wo ist der Frühstücksraum?

朝食用の部屋はどちらですか？

語彙 Frühstück「朝食」

言いかえ Wo ist der Notausgang?「非常口はどこですか？」
デア　ノートアウスガンク
→ Ausgang は「出口」、Not は「緊急」という意味です。

チェックアウトのあとで ▮

カン　イッヒ　マイン　ゲペック　ヒーア　ラッセン
Kann ich mein Gepäck hier lassen?

荷物を預かっていただけますか？

直訳 「荷物を置いていってもいいですか？」

語彙 hier lassen「ここに置いておく」

言いかえ Soll ich den Schlüssel hier lassen?「鍵はここに置いていくべきですか？」
ゾル　イッヒ　デン　シュリュッセル

ホテルでのトラブルを伝えるフレーズ

思いも寄らぬトラブルが起きることもあります。
我慢せずに、相談してみましょう。

部屋のトラブル

イッヒ　ハーベ　アイン　プロブレーム
Ich habe ein Problem
ミット　デム　ツィンマー
mit dem Zimmer.

部屋に問題があります。

ヴェルヒェス　プロブレーム
Welches Problem
ハーベン　ズィー
haben Sie?

どのような問題でしょうか？

● 《Ich habe ein Problem.》だけで困っているということを伝えられます。困っている内容は前置詞 mit を使って言います。

イッヒ　ハーベ　アイン　プロブレーム　ミット　デム　シュリュッセル
◆ **Ich habe ein Problem mit dem Schlüssel.** 鍵の使いかたがわかりません。

ヴィア　ハーベン　アイン　プロブレーム　ミット　デア　ドゥーシェ
◆ **Wir haben ein Problem mit der Dusche.** シャワーに問題があります。

● welches は疑問詞 welcher「どの、どのような」（→ p. 111）を中性 4 格にした形です。Problem が中性名詞で、動詞 haben の目的語になっているからです。

定番
フレーズ
1　お湯のトラブル

Das Wasser wird nicht heiß.
ダス　　ヴァッサー　　ヴィルト　ニヒト　ハイス

お湯が出ません。

直訳「水が熱くなりません。」

語彙 wird「～になる」→ werden（ヴェアデン）の現在形、3人称単数

表現 「お湯」という単語はありません。形容詞をつけて「熱い水」と言うので、
heißes Wasser または warmes Wasser となります。
ハイセス　ヴァッサー　　　　　　ヴァルメス　ヴァッサー

定番
フレーズ
2　暖房のトラブル

Die Heizung funktioniert nicht.
ディー　ハイツンク　　フンクツィオニーアト　ニヒト

暖房がうまく入りません。

直訳「暖房が機能しません。」

語彙 funktionieren「機能する」

言いかえ Der Fernseher funktioniert nicht.「テレビを見ることができません。」
デア　フェアンゼーアー

定番
フレーズ
3　ドアのトラブル

Ich kann die Tür nicht aufschließen.
イッヒ　カン　ディー　テュア　ニヒト　アウフシュリーセン

ドアが開きません。

語彙 aufschließen「鍵を使って開ける」

文化 日本人は総じて、ドイツの鍵の使いかたが下手なようです。開かないようであれば、フ
ロントに相談しましょう。

定番
フレーズ
4　部屋の交換

Ich möchte ein anderes Zimmer.
イッヒ　メヒテ　アイン　アンデレス　ツィンマー

別の部屋にしてください。

直訳「別の部屋を希望します。」

語彙 ander「別の」→形容詞なので、ここでは中性名詞 Zimmer に合わせて語尾 -es が
ついています。

Im Restaurant

レストランで

Was empfehlen Sie heute?

今日は何がおすすめですか？

ein Kellner /
eine Kellnerin

ウェイター／ウェイトレス

eine Speisekarte

メニュー

eine Serviette

ナプキン

ein Glas

グラス

der Wein

ワイン

eine Gabel

フォーク

ein Teller

皿

ein Messer

ナイフ

Mein Salat ist noch nicht da.

サラダがまだ来ないのですが。

120

・die Küche
キュッヒェ
厨房

・der Koch /
コッホ
die Köchin
ケッヒン
料理人（男性／女性）

・das Gericht
ゲリヒト
料理

・der Nachtisch
ナーハティッシュ
デザート

・der Tisch
ティッシュ
テーブル

Zahlen, bitte!
ツァーレン ビッテ
お会計をお願いします。

・ein Löffel
レッフェル
スプーン

・ein Kaffee
カフェー
コーヒー

注文に使える フレーズ

食事は旅行中の最大の楽しみですね。
ドイツ語を使えば、さらに楽しくなるかも!?

おすすめを聞く

ヴァス　　　エムプフェーレン
Was empfehlen
ズィー　　ホイテ
Sie heute?

今日は何がおすすめですか？

直訳「今日あなたは何を
おすすめしますか？」

ダス　　ヒーア　　ズィント　　ウンゼレ
Das hier sind unsere
シュペツィアリテーテン
Spezialitäten.

こちらが当店の名物料理になります。

- 店によっては、メニューに Spezialitäten という項目があります。「名物料理」「当店自慢の料理」といった意味です。英語の「スペシャル」と似ているので、わかりやすいですね。
- ほかに、Tagesgericht や Tageskarte などといった「日替わりメニュー」もお得でおすすめです。手元のメニューではなく、店内の黒板などに書いてあることもあるので、チェックしてみましょう。

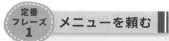

メニューを頼む

<small>ディー　シュパイゼカルテ　ビッテ</small>

Die Speisekarte, bitte!

<small>メニューをください。</small>

語彙 Speisekarte「メニュー」（料理名が書かれた献立表）
→ Menü は日本語でいうメニューではなく、「コース料理」のことを指します。

言いかえ Die Weinkarte, bitte!「ワインリストをください。」

飲み物を頼む

<small>イッヒ　メヒテ　シュティレス　ヴァッサー</small>

Ich möchte stilles Wasser.

<small>炭酸抜きの水をお願いします。</small>

文化 ドイツのレストランでは、日本のように水を持ってきてもらえません。ミネラルウォーターはほとんどが炭酸入りなので、炭酸のない水が飲みたいときは、このように言いましょう。

付け合わせを選ぶ

<small>カン　イッヒ　ブラートカルトッフェルン　ハーベン</small>

Kann ich Bratkartoffeln haben?

<small>炒めたジャガイモにしてもいいですか？</small>

文化 ドイツの主食はジャガイモです。さまざまな調理法があるので、メニューと違う付け合わせでもよいかどうか、聞いてみてもいいでしょう。
Pommes「フライドポテト」　Salzkartoffeln「塩ゆでジャガイモ」
Kartoffelpüree「マッシュポテト」

ワインのおすすめを聞く

<small>ヴェルヒャー　ヴァイン　パスト　ダーツー</small>

Welcher Wein passt dazu?

<small>どのワインがこれに合いますか？</small>

語彙 dazu「これに対して」

食事を楽しむ
フレーズ

「ワインは人を饒舌にする」ということわざが、あるとかないとか…。
だまされたと思って（？）、ドイツ語を話してみましょう。

注文した品が来ないとき

マイン　ザラート　イスト
Mein Salat ist
ノッホ　ニヒト　ダー
noch nicht da.
（私の頼んだ）サラダがまだ来ないのですが。

オー　　　　エントシュールディグンク
Oh, Entschuldigung!
あ、申し訳ありません。

- 《ist ... da》は「そこにある」、noch nicht は「まだない」という意味です。料理名に mein「私の」を添えて、「私が頼んだ料理」という意味を表しています。

◆ マイネ　ズッペ　イスト　ノッホ　ニヒト　ダー
Meine Suppe ist noch nicht da. スープがまだ来ていません。

◆ マイン　ブロート　イスト　ノッホ　ニヒト　ダー
Mein Brot ist noch nicht da. パンがまだ来ていません。

※定冠詞を使って《Der Salat ist noch nicht da.》という言いかたもできます。

食事の感想を言う

ダス　シュメクト　ヴィルクリッヒ　グート
Das schmeckt wirklich gut.

本当においしいです。

言いかえ　das の代わりに具体的な食べ物を言ってもいいですね。
デア　フィッシュ
Der Fisch schmeckt wirklich gut.「魚が本当においしいです。」

注文していない品が出されたとき

ダス　ハーベ　イッヒ　ニヒト　ベシュテルト
Das habe ich nicht bestellt.

これは注文していません。

表現　bestellen「注文する」→ habe ... bestellt は現在完了形です。

材料をたずねる

ヴァス　イスト　イン　デア　ゾーセ　ドリン
Was ist in der Soße drin?

このソースは何が入っているのですか？

表現　ist ... drin「（中に）入っている」
語彙　in「〜の中に」→「場所」を表すので、3格が続きます（→ p.86）。

野菜の種類をたずねる

ヴァス　イスト　ダス　フュア　アイン　ゲミューゼ
Was ist das für ein Gemüse?

これは何という野菜ですか？

表現　was ... für「何という種類の」（→ p.73）
→ Was für ein Gemüse ist das? のように、was für を続けて言うこともできます。

食後に使える フレーズ

食事が終われば、すっかり現地の人になった気分⁉
最後までマナーを守って、余韻を楽しみましょう。

支払い

ツァーレン　ビッテ
Zahlen, bitte!
お会計をお願いします。

ヤー　イッヒ　コンメ　グライヒ
Ja, ich komme gleich.
はい、すぐに参ります。

● 食事の支払いはテーブルで行います。給仕の担当者を呼ぶと、その場で計算してくれます。複数人で食事をしたときは、次のように聞かれます。

ツーザンメン　　　オーダー　　ゲトレント
◆ **Zusammen oder getrennt?**　お会計はごいっしょですか？　別々ですか？

ツーザンメン　　ビッテ
Zusammen, bitte!　いっしょにお願いします。

ゲトレント　　ビッテ
Getrennt, bitte!　別々にお願いします。

※お店の対応がよくて、気持ちよく食事ができたときは、給仕の担当者にチップを渡しましょう。端数を切り上げる形で支払いたい金額を言うと、それに応じたお釣りを返してくれます。

例 12 ユーロ 85 セント ➜ 13 ユーロ
　　12 ユーロ 25 セント ➜ 12 ユーロ 50 セント

カードで支払う

ゲート ダス
Geht das?

これで大丈夫ですか？

表現 gehen「行く」→ ここでは「うまくいく」という意味です。非常にシンプルですが、いろいろな場面で使えるフレーズです。

食事のお礼を言う

エス ハット ゼーア グート ゲシュメクト
Es hat sehr gut geschmeckt.

とてもおいしかったです。

表現 hat ... geschmeckt は現在完了形です。非人称の es を主語にしています。

会計をまとめる

イッヒ ラーデ ズィー アイン
Ich lade Sie ein.

ここは私が払います。

直訳「私はあなたを招待します。」

語彙 lade ... ein「招待する」[分離動詞]

チップを渡す

シュティムト ゾー
Stimmt so.

お釣りはいりません。

直訳「これで合っています。」

語彙 stimmen「合っている」→ 主語がない文です。

文化 チップ込みでちょうどの金額を渡すとき（お釣りがいらないとき）に使います。

In den Geschäften
イン　デン　ゲシェフテン
店頭で

die Bäckerei
ベッケラーイ
パン屋

ein Roggenbrot
ロッゲンブロート
ライ麦パン

ein-Brötchen
ブレーチヒェン
小型の丸パン

ein Plunder
プルンダー
デニッシュ（菓子パン）

Das war's.
ダス　ヴァース
これで全部です。

ein belegtes Brot
ベレークテス　ブロート
ハムなどの乗った（挟まった）パン

die Metzgerei
メツゲラーイ
肉屋

eine Wurst
ヴルスト
ソーセージ

die Vitrine
ヴィトリーネ
陳列ケース

ein Schinken
シンケン
ハム

Step 4 9

DL 4_13

パン屋などで
使えるフレーズ

> 昼食は、パン屋や肉屋などで買って、簡単に済ませることもできます。
> 対面式のお店が多いので、指差すだけでなく、ドイツ語で注文してみましょう。

注文の最後に

ノッホ　ヴァス
Noch was?
（注文が）まだありますか？

ナイン　　ダンケ
Nein, danke.
ダス　　ヴァース
Das war's.
いいえ。これで全部です。

- 対面式のお店では、店員さんに次々と注文をしていきます。希望の品を言うには《..., bitte!》や《Ich möchte ...》が使えますね（→ p.60, 62）。
- 注文を受けると、合いの手を入れるように、店員さんは《Noch was?》と聞いてきます。was は etwas「何か」の省略形です。
- 注文の最後に《Das war's.》と言うと、会計をしてくれます。's は es の省略形です。会話でしか使いませんが、とても便利な表現です。

※ドイツ人は列を作りませんが、順番は守ります。店に入って所在なげに立っていても、自分より後から来た人が「あなたの番ですよ」と教えてくれるので、ご安心を！

テイクアウトをする

Zum Mitnehmen, bitte!
ツム　　　　　ミットネーメン　　　　ビッテ

テイクアウトでお願いします。

語彙 zu「〜用に」→ zum は zu dem の融合形です。

言いかえ Zum Hieressen, bitte!「ここで食べます。」
ヒーアエッセン

→ Mitnehmen は動詞 mitnehmen「持って行く」を、Hieressen は hier「ここで」＋動詞 essen「食べる」を名詞化したものです。

見当たらないものを聞く

Haben Sie Croissants?
ハーベン　　ズィー　　クロワッサーンス

クロワッサンはありますか？

表現 店にあるかどうかを聞く表現は《Haben Sie ...?》でしたね（→ p.70）。

文化 クロワッサンはフランスのものなので、ドイツのパン屋に置いてあることは少ないのですが、ドイツでもまあまあおいしいです。お好きな方は試してみてください！

温めてもらう

Können Sie das warm machen?
ケンネン　　ズィー　ダス　　ヴァーム　　マッヘン

これを温めていただけますか？

表現 machen「する」→ 形容詞 warm「温かい」とあわせて、「温かくする」となります。

飲み物も頼む

Ich möchte eine Cola dazu.
イッヒ　　メヒテ　　アイネ　　コーラ　　ダーツー

コーラもお願いします。

語彙 dazu「それに加えて」

文化 コカ・コーラは、日本と同じように「コーラ」と言います。女性名詞です。

スーパーなどで
使えるフレーズ

セルフ式のお店でも、いろいろと日本と勝手が違います。
わからなければ、臆せず聞いてみましょう。

レジ袋を頼む

Geht es so?
ゲート　エス　ゾー
このままでよろしいですか？

Eine Tüte, bitte!
アイネ　テューテ　ビッテ
レジ袋をお願いします。

- ドイツでは、買った品物を黙って包んでくれるところはまずありません。本屋
  やデパートでも、「包まなくてよいか？」を必ず聞かれます。レジ袋はスーパー
  などでは有料です。
- レジ袋がいらないときは、《Ja.》と答えます。その場合は店を出るまでの間、
  レシートを捨てずに持っていてください。

接客を断る

イッヒ メヒテ ヌア グッケン
Ich möchte nur gucken.

見るだけです。

文化 専門店などに入ると《Kann ich Ihnen helfen?》「何かおさがしですか？」と聞かれ
ます。断るときはこのように言いましょう。

接客を頼む

ケンネン ズィー ミア ヘルフェン
Können Sie mir helfen?

接客をお願いできますか？

直訳「私を助けていただけますか？」

語彙 helfen「助ける、手伝う」→ 助ける相手は 3 格になります。

文化 1 とは逆に、こちらから接客をお願いする場合の表現です。スーパーなど、接客を前提
としないお店で使います。

買いたいものを言う

イッヒ ズーヘ アイネ ゾンネンブリレ
Ich suche eine Sonnenbrille.

サングラスをさがしているのですが。

語彙 suchen「さがす」→ さがしているものは 4 格になります。

言いかえ Ich suche einen Stift.「ペンをさがしているのですが。」

ボトルの回収場所を尋ねる

ヴォー カン マン ディー プファントフラッシェン ツーリュックゲーベン
Wo kann man die Pfandflaschen zurückgeben?

デポジットボトルはどこで返せますか？

文化 ガラス瓶やペットボトルに入った飲み物は、代金に Pfand「デポジット」を上乗せし
て売られています。空になったボトルを返すと、上乗せした部分のお金が戻ってきます。
（国内であればどのお店に返してもよいことになっています。）

駅で使える
フレーズ

ドイツ語圏は、鉄道網が発達しています。
気になる場所があったら、出かけてみましょう。

窓口で乗車券を買う

イッヒ　　メヒテ　　アイネ
Ich möchte eine
ファールカルテ　　ナーハ　　ヴィーン
Fahrkarte nach Wien.
ウィーンまでの乗車券をください。

ヴォレン　ズィー　ヒン
Wollen Sie hin
ウント　　ツーリュック
und zurück?
往復がご希望ですか？

- 乗車券は fahren「乗り物に乗る」＋ Karte「券」＝ Fahrkarte です。行き先には前置詞 nach を使い、地名をそのまま続けます。
- ほかにも、次のような言いかたが使えます。

ナーハ　ヴィーン　ビッテ
◆ **Nach Wien, bitte.**
ウィーンまでお願いします。

ビス　ヴィーン　ビッテ
◆ **Bis Wien, bitte.**
ウィーンまでお願いします。

※乗車券は窓口のほか、インターネットや、駅に置いてある券売機でも買えます。

列車の乗り継ぎをたずねる

イッヒ　メヒテ　アイネ　フェアビンドゥンク　ナーハ　テュービンゲン
Ich möchte eine Verbindung nach Tübingen.

テュービンゲンまでの経路を知りたいのですが。

語彙 Verbindung「（列車の）接続」

文化 駅の窓口でこのように言うと、希望日時の経路を紙にプリントしてくれます。駅構内の端末でも、経路のプリントアウトができます。

 エレベーターの場所をたずねる

ギプト　エス　ヒーア　アイネン　アウフツーク
Gibt es hier einen Aufzug?

ここにエレベーターはありますか？

文化 大きな荷物を持っての移動は大変ですね。エレベーターのほか、階段の端にベルトコンベアーがついている駅もあり、荷物を乗せると動き出します。また、何もない場所では、周りの人が手伝ってくれることも多いです。そんなときは、ありがたくお世話になり、最後に《Danke!》と笑顔で言いましょう。

 ホームへの行きかたをたずねる

ヴォー　イスト　グライス　フィーア・アー
Wo ist Gleis 4 a ?

4番ホームの a はどこですか？

文化 駅の構造が日本とは違うので、わかりにくいかもしれません。1つのホームを前後に分けて a / b と表記していることもあります。

 目当ての列車かどうかを確かめる

イスト　ダス　デア　ツーク　ナーハ　ウルム
Ist das der Zug nach Ulm?

ウルム行きの列車ですか？

言いかえ フェーアト　　　　　　　　　　　ウューバー
Fährt der Zug über Ulm?「ウルム経由の列車ですか？」
→ 前置詞 über で「経由」を表します。

列車内で
使えるフレーズ

さあ、いよいよ列車の旅の始まりです。
同席した人たちとの会話も、弾むはず…!?

車内の検札で

ムス　イッヒ　ウムシュタイゲン
Muss ich umsteigen?

乗り換える必要はありますか？

ヤー　イン　ボン　ハーベン　ズィー
Ja. In Bonn haben Sie
アイネン　アンシュルス
einen Anschluss.

はい。ボンで接続していますよ。

- 前もって経路を確認していない場合や、ダイヤが乱れているときなどは、車掌に聞きましょう。車内のモニターで、接続する交通機関を案内している列車もあります。

- Anschluss にも「(列車の) 接続」という意味があります。Verbindung (→ p.137) が主に「行きかた」を表すのと違って、Anschluss は「乗り継ぎの列車」の意味でよく使います。

席が空いているかたずねる

イスト　ヒーア　ノッホ　フライ
Ist hier noch frei?

まだ空いていますか？

語彙 noch「まだ、いまだに」

表現 主語がない文です。ほかの人に聞かれて、席が空いていたら《Ja, bitte!》「はい、どうぞ。」と答えてあげましょう。

同席の人と会話を始める

ヴォーヒン　ファーレン　ズィー
Wohin fahren Sie?

どちらへ行かれるのですか？

語彙 wohin「どこへ」

文化 ドイツ語圏の人たちは、知らない人ともいろいろな話をするのが好きです。ぜひこちらからも会話のきっかけを作ってみましょう。

日本のお菓子などをすすめる

メヒテン　ズィー　プロビーレン
Möchten Sie probieren?

おひとついかがですか？

語彙 probieren「試す、味をみる」

手伝いを申し出る

ゾル　イッヒ　イーネン　ヘルフェン
Soll ich Ihnen helfen?

お手伝いしましょうか？

文化 ドイツ語圏ではレディーファーストが徹底されているので、おばあさんなどが一人旅をしていても、必ずだれかが手助けをしてあげて、困らないようになっています。おばあさんが大きな荷物を抱えるなどしていて、ほかに助ける人が見当たらなかったら、ぜひ声をかけてみてください。

アウフ デア トゥーア
観光地めぐり

DL 4_18

● ein Bus
ブス
バス

● eine Haltestelle
ハルテシュテレ
停留所

● ein Stadtplan
シュタットプラーン
市内地図

● das Verkehrsbüro
フェアケーアスビューロー
観光案内所

● ein Reiseführer
ライゼフューラー
ガイドブック

● die Sehenswürdigkeiten
ゼーエンスヴュルディヒカイテン
名所

Wie komme ich zur Stadtmitte?
ヴィー コンメ イッヒ ツア シュタットミッテ
町の中心部へはどのように行ったらいいですか？

● der Marktplatz
マルクトプラッツ
マルクト広場

● ein Museum
ムゼーウム
美術館／博物館

● der Dom / der Münster
ドーム ミュンスター
大聖堂

● die Residenz
レズィデンツ
宮殿

● die Altstadt
アルトシュタット
アルトシュタット（旧市街）

140

●eine Straßenbahn
シュトラーセンバーン
路面電車

●das Schloss
シュロッス
城

●eine Kirche
キルヒェ
教会

●die Burg
ブルク
要塞

●das Rathaus
ラートハウス
市庁舎

●das Theater
テアーター
劇場

●ein Café
カフェー
カフェ

●eine Kamera
カーメラ
カメラ

Können Sie ein Foto
ケンネン　ズィー　アイン　フォートー
von mir machen?
フォン　ミア　マッヘン
写真を撮っていただけますか？

141

Step 4
13

観光案内所で
使えるフレーズ

初めての町に着いたら、まず観光案内所に足を運びましょう。
ホテルの予約なども済ませることができます。

DL
4_19

行きかたを聞く

ヴィー　コンメ　イッヒ　ツア　シュタットミッテ
Wie komme ich zur Stadtmitte?

町の中心部へはどのように行ったらいいですか？

ネーメン　ズィー　ディー
Nehmen Sie die
ブスリーニエ　ズィーベン　オーダー　アハト
Buslinie　7　oder　8!

7番か8番のバスにお乗りください。

● 「○○へ」は、入口までなら zu ＋ 3格、中に入るなら in ＋ 4格で表します。

ヴィー　コムト　マン　ツム　テアーター
◆ **Wie kommt man zum Theater?**　劇場まではどのように行ったらいいですか？

ヴィー　コムト　マン　インス　テアーター
◆ **Wie kommt man ins Theater?**　劇場にはどうすれば入れますか？

※ ich の代わりに、不定代名詞 man（→ p.82）を使うこともできます。
※前置詞 zu の融合形は p.111、in の融合形は p.90 を参照してください。

● Sie に対する命令形は、現在形の文を引っくり返した形になります（→ p.83）。

ズィー　ネーメン　アイン　タクスィー　　　　ネーメン　ズィー　アイン　タクスィー
◆ **Sie nehmen ein Taxi.** ➡ **Nehmen Sie ein Taxi!**
あなたはタクシーを利用します。　　タクシーをご利用ください。

142

地図をもらう

イッヒ　メヒテ　アイネン　シュタットプラーン
Ich möchte einen Stadtplan.

市内地図がほしいです。

言いかえ Ich möchte einen Liniennetzplan.「バスなどの路線図がほしいです。」
アイネン　リーニエンネッツプラーン

Ich möchte eine Hotelliste.「ホテルリストがほしいです。」
アイネ　ホテールリステ

ホテルの予約

イッヒ　メヒテ　アイン　ツィンマー　レザヴィーレン
Ich möchte ein Zimmer reservieren.

ホテルを予約したいのですが。

語彙 Zimmer「部屋」
→ シングルルームは Einzelzimmer、ツインルームは Doppelzimmer です。
アインツェルツィンマー　　　　　　　　　ドッペルツィンマー

文化 観光案内所の外にパネルが置いてあって、希望するホテルと直接電話ができる町もあります。

ツアーの申し込み

イッヒ　メヒテ　アン　デア　シュタットフュールンク　タイルネーメン
Ich möchte an der Stadtführung teilnehmen.

市内観光ツアーに参加したいのですが。

語彙 Führung「ガイド付きツアー」
teilnehmen「参加する」→「～に」は an + 3格で表します。

言いかえ Ich möchte an diesem Programm teilnehmen.
ディーゼム　プログラム　タイルネーメン
「この催しに参加したいのですが。」

定番フレーズ 4 **イベントの情報を聞く**

ギプト　エス　ホイテ　アーベント　アイン　コンツェルト　オーダー　アイネ　テアーターアウフフュールンク
Gibt es heute Abend ein Konzert oder eine Theateraufführung?

今晩コンサートか演劇の上演がありますか？

語彙 oder「あるいは、それとも」→ 英語の or にあたります。
Aufführung「上演、演奏、上映」

観光地で使えるフレーズ

古城めぐりに教会めぐり、ドイツ語圏には見どころがたくさんあります。
ドイツ語を使って、周りの人と話してみましょう。

写真を撮ってもらう

ケンネン　ズィー　アイン　フォートー
Können Sie ein Foto
フォン　ミア　マッヘン
von mir machen?

写真を撮っていただけますか？

ヤー　ゲルネ
Ja, gerne!

はい、喜んで。

- 《Können Sie (bitte) ...?》で人に物を頼めるのでしたね（→ p.117）。余裕があれば、bitte を文中に挟んでみましょう。
- 「写真を撮る」は、ein Foto machen がいちばん簡単な言いかたです。
- 前置詞 von「〜の」は3格を続けます。「私たちの」は von uns となります。

 **チケット売り場にて**

_{ツヴァイ} _{エアヴァクセネ} _{ビッテ}
Zwei Erwachsene, bitte!

大人（券）を２枚ください。

言いかえ Eine _{シュテュデンテンカルテ} Studentenkarte, bitte!「学生券を１枚ください。」

 バスの行き先を聞く

_{ファーレン} _{ズィー} _{ビス} _{ツム} _{シュロッス}
Fahren Sie bis zum Schloss?

お城まで行きますか？

語彙 bis zu「〜まで」→ bis なしでも通じます。

表現 日本語の発想だと「このバスは…？」が主語になりますが、バスの運転手に行き先をたずねる場合は、「あなたは…？」と聞いて構いません。

 待ち時間の確認

_{ヴィー} _{ランゲ} _{ムス} _{マン} _{ヴァルテン}
Wie lange muss man warten?

どのくらい待たないといけませんか？

表現 wie lange「どのくらい長く」

定番フレーズ4 **感動を伝える**

_{ダス} _{イスト} _{シェーン}
Das ist schön!

これはすばらしい！

言いかえ Wie schön!「なんてすばらしい！」

※ wie は英語の *how* にあたる語です（→ p.31）。英語でも〈*How long?*〉と言えば疑問文になり、〈*How beautiful!*〉と言えば感嘆文になりますね。

eine Vitrine
ヴィトリーネ
ガラス戸棚

Kann ich etwas helfen?
カン　イッヒ　エトヴァス　ヘルフェン
何かお手伝いしましょうか？

ein Buch
ブーホ
本

ein Schrank
シュランク
戸棚

ein Aperitif
アペリティーフ
食前酒

ein Kissen
キッセン
クッション

ein Geschenk
ゲシェンク
プレゼント

der Kamin
カミーン
暖炉

ein Sofa
ソーファー
ソファー

der Tisch
ティッシュ
テーブル

die Papiertaschentücher
パピーアタッシェンテューヒャー
ティッシュペーパー

der Hund
ホゥント
犬

die Katze
カッツェ
猫

147

Step 4
15

DL
4_22

玄関先でのあいさつに
使えるフレーズ

ドイツ語圏の人たちは、自宅に人を招くのがとても好きです。
ご自慢のコレクションや花壇など、ぜひドイツ語で感想を言ってみましょう。

お礼を言う

フィーレン　　　ダンク　　フュア
Vielen Dank für
ティー　　　アインラードゥンク
die Einladung!
お招きいただきありがとうございます。

ビッテ　　　　コンメン　　　ズィー　　ヘライン
Bitte, kommen Sie herein!
どうぞ、お入りください。

- お礼を言う表現は《Danke!》《Danke schön!》《Vielen Dank!》など何種類か
  ありましたね（→ p.52）。いずれも für ＋ 4格を続けることで、お礼の内容を表
  すことができます。

ダンケ　　フュア　ティー　アインラードゥンク
◆ **Danke für die Einladung!**　お招きいただきありがとう。

- 《Kommen Sie ...!》は、Sie に対する命令文でしたね（→ p.142）。

定番
フレーズ
1 **手土産を渡す**

ダス　イスト　アイン　　　　ゲシェンク　　　フュア　ズィー
Das ist ein Geschenk für Sie.

あなたへのお土産です。

語彙 Geschenk「プレゼント」

※単に《Das ist für Sie.》だけでも伝わります。

言いかえ Das ist ein Geschenk aus Japan.「日本から持ってきたお土産です。」
アウス　ヤーパン

定番
フレーズ
2 **家を褒める**

ズィー　　　ハーベン　　アイン　　シェーネス　　　ハウス
Sie haben ein schönes Haus.

素敵なお宅ですね。

直訳「あなたは素敵な家をお持ちですね。」

言いかえ Sie haben eine schöne Wohnung.「素敵なお住まいですね。」
ヴォーヌンク
→ 集合住宅の場合は Wohnung を使います。

定番
フレーズ
3 **靴を脱ぐかどうかたずねる**

ゾル　イッヒ　ディー　　シューエ　　アウスツィーエン
Soll ich die Schuhe ausziehen?

靴を脱いだほうがいいですか？

文化 ヨーロッパの家は基本的に外履きのまま入ってよいのですが、室内履きを用意してくれる家もあります。

定番
フレーズ
4 **おいとまする**

フィーレン　　ダンク　　フュア　アレス　エス　ヴァー　ゼーア　シェーン　バイ　イーネン
Vielen Dank für alles! Es war sehr schön bei Ihnen.

いろいろとありがとうございました。とても素敵なお宅でした。

直訳「あなたの家ではとても素敵でした。」

語彙 alles「すべてのこと」 bei「～のところで」

知人との会話に使えるフレーズ

[何気ない会話は、覚えたフレーズを試す最高のチャンス。
いろいろと教わるつもりで話してみましょう。]

手伝いを申し出る

カン　イッヒ　エトヴァス　ヘルフェン
Kann ich etwas helfen?
何かお手伝いしましょうか？

直訳 「何かお手伝いできますか？」

ナイン　　ダス　　ブラウヘン　　ズィー　ニヒト
Nein, das brauchen Sie nicht.
いいえ、その必要はありませんよ。

● 《Kann ich ...?》は「できますか？」「してもいいですか？」を表します。soll
を使うと、相手の意向を聞くことになるので、「お手伝いしたほうがいいです
か？」というニュアンスになります。この場面では kann を使いましょう。

定番
フレーズ
1 料理を褒める

ズィー　ズィント　アイン　グーター　コッホ
Sie sind ein guter Koch. /
ズィー　ズィント　アイネ　グーテ　ケッヒン
Sie sind eine gute Köchin.

料理がお上手ですね。

語彙 Koch / Köchin「料理人（男性／女性）」

直訳「あなたは腕の良い料理人ですね。」

定番
フレーズ
2 花の名前をたずねる

ヴィー　ハイスト　ディーゼ　ブルーメ
Wie heißt diese Blume?

この花は何という名前ですか？

語彙 heißen「〜という名である」（→ p.16）
言いかえ Wie heißt dieses Gericht?「この料理は何という名前ですか？」

定番
フレーズ
3 家族を紹介する

ダス　イスト　マイネ　ファミーリエ
Das ist meine Familie.

これが私の家族です。

文化 ヨーロッパの人は、家族の写真を持ち歩くのが習慣になっています。そのため、こちらからも家族の写真を見せると、とても喜んでくれます。旅行の荷物に１枚入れておくといいですね。

定番
フレーズ
4 自宅にお誘いする

ベズーヘン　ズィー　ウンス　ツー　ハウゼ　イン　ヤーパン
Besuchen Sie uns zu Hause in Japan!

日本の我が家にもいらしてください。

直訳「日本の家に私たちを訪問してください。」

語彙 besuchen「訪問する」　zu Hause「家で、家に」

● die Post
郵便局

●der Postbeamte /
ポストベアムテ

die Postbeamtin
ポストベアムティン
郵便局員（男性／女性）

Ich möchte das nach
イッヒ　　メヒテ　　ダス　　ナーハ

Japan schicken.
ヤーパン　　シッケン

これを日本へ送りたいのですが。

●ein Brief
ブリーフ
手紙

●ein Umschlag
ウムシュラーク
封筒

●die Briefmarken
ブリーフマルケン
切手

●eine Postkarte
ポストカルテ
郵便はがき

●ein Paket
パケート
小包

●der Briefkasten
ブリーフカステン
郵便ポスト

153

17

DL
4_25

電話に関する
フレーズ

> 電話は相手の顔が見えないだけに、ハードルが高いかもしれません。
> ホテルやレストランの予約など、機会があれば挑戦してみましょう。

電話をかけるとき

ハロー　　シュプレッヒェ　イッヒ　ミット
Hallo, spreche ich mit
ヘアン　　シュミット
Herrn Schmidt?

もしもし、シュミットさんのお電話ですか？

直訳 「私はシュミットさん
と話していますか？」

ヤー　　アム　　　アパラート
Ja, am Apparat.
はい、そうです。

• Apparat は「器械」です。ここでは「電話機」の意味で使っています。
am Apparat で「電話口に」となります。

ヴェア　イスト　アム　　アパラート
◆ **Wer ist am Apparat?**　（電話口にいるのは）どなたですか？

ブライベン　ズィー　アム　　アパラート
◆ **Bleiben Sie am Apparat!**　（電話を切らずに）そのままお待ちください。

※相手を名字で呼ぶ場合、男性には Herr（ヘア）、女性には Frau（フラウ）をつけるのでしたね（→ p.64）。
※前置詞 mit のあとは3格になります。Herr は3格で Herrn と語尾がつきます。

レストランの予約

グーテン　ターク　イッヒ　メヒテ　アイネン　ティッシュ　レザヴィーレン
Guten Tag! Ich möchte einen Tisch reservieren.

こんにちは。予約をしたいのですが。

語彙 Tisch「テーブル」

文化 あとは日時と人数、名前を伝えればいいですね。

伝言を頼む

ケンネン　ズィー　イーム　エトヴァス　アウスリヒテン
Können Sie ihm etwas ausrichten?

彼に伝言をお願いできますか？

直訳「彼に何かを伝えていただけますか？」

語彙 etwas「何か」→ 英語の *something* にあたります。

言いかえ Können Sie ihr etwas ausrichten?「彼女に伝言をお願いできますか？」

フレーズ 3 **かけ直すとき**

イッヒ　ルーフェ　シュペーター　ヴィーダー　アン
Ich rufe später wieder an.

またあとでお電話します。

語彙 anrufen「電話する」[分離動詞] → 電話をかける相手は4格になります。

言いかえ Ich rufe Sie später wieder an.「またあとであなたにお電話しますね。」

フレーズ 4 **会話が早すぎるとき**

ケンネン　ズィー　ビッテ　ラングザーマー　シュプレッヒェン
Können Sie bitte langsamer sprechen?

もっとゆっくり話していただけますか？

語彙 langsam「ゆっくり」→ langsamer　もっとゆっくり [比較級]

155

インターネットに
関するフレーズ

> インターネット用語は、英語をドイツ語化しているだけなので、
> 英語を知っていれば推測しやすいと思います。

Wi-Fi 環境をたずねる

ハーベン ズィー
Haben Sie
ヴェーラン アンシュルス
WLAN-Anschluss?
Wi-Fi 接続はできますか？

ヤー ナテューアリッヒ
Ja, natürlich.
はい、もちろんですよ。

- 「WLAN」は「Wi-Fi」でも通じます。

- **フライエス ヴェーラン**
  「Freies WLAN」は「フリー Wi-Fi」の意味です。

※「パスワード」は Passwort です。「パスヴォルト」とドイツ語風に発音しましょう。

定番フレーズ 1 ウェブサイトがあるか聞く

ハーベン　ズィー　アイネ　ヴェブザイテ

Haben Sie eine Webseite?

ウェブサイトはお持ちですか？

文化 英語の *website* をドイツ語化した単語です。w は「ヴ」、b は「プ」と読み、s は濁ります。

言いかえ Haben Sie einen Internet-Anschluss?
アイネン　インターネット　アンシュルス
「インターネットを（日常的に）利用されていますか？」
直訳 「インターネット接続をお持ちですか？」

定番フレーズ 2 メールアドレスをたずねる

ダルフ　イッヒ　イーレ　イーメイル　アドレッセ　ハーベン

Darf ich Ihre E-Mail-Adresse haben?

メールアドレスをいただけますか？

文化 「電子メール」は E-Mail と綴り、英語と同じ読みかたをします。性がまだ定まっていないようで、女性名詞と中性名詞の両方の用法があります。

言いかえ Darf ich Ihre Telefonnummer haben?「電話番号をいただけますか？」
テレフォーンヌンマー

定番フレーズ 3 キーの場所を聞く

ヴォー　イスト　ダス　アット　ツァイヒェン

Wo ist das At-Zeichen?

アットマークはどこですか？

文化 ドイツ語のキーボードは、日本で一般的に使われている英語のアルファベットとは、並んでいる順番が違います。まず気付くのが、Y と Z の位置が入れ替わっていることでしょう。見つからなくて戸惑うのは、主に次の２つです。

「？」→「Shift」+「=」（ゼロの右隣）　　「@」→「Ctrl」+「Alt」+「q」

定番フレーズ 4 データを送ってもらう

ケンネン　ズィー　ミア　ディー　ダーテン　シッケン

Können Sie mir die Daten schicken?

データを送っていただけますか？

言いかえ Können Sie mir die Fotos schicken?「写真を送っていただけますか？」
フィートース

157

DL
4_27

郵便に関する
フレーズ

お土産を買いすぎたら、郵便で送りましょう。
ドイツ語圏の郵便局は、黄色が目印です。

小包を送る

イッヒ　　メヒテ　　ダス　　ナーハ
Ich möchte das nach
ヤーパン　　シッケン
Japan schicken.
これを日本へ送りたいのですが。

ヤー　　　フュレン　　ズィー
Ja, füllen Sie
ダス　　ビッテ　　アウス
das bitte aus!
はい。こちらに記入をお願いします。

● nach ＋地名で、行き先を表すのでしたね。

● das の代わりに具体的な名詞を入れると、次のようになります。

　　イッヒ　　メヒテ　　ティーゼス　　パケート　　ナーハ　　ヤーパン　　シッケン
◆ **Ich möchte dieses Paket nach Japan schicken.**
　　　　この小包を日本へ送りたいのですが。

　　イッヒ　　メヒテ　　ティーゼン　　ブリーフ　　ナーハ　　ヤーパン　　シッケン
◆ **Ich möchte diesen Brief nach Japan schicken.**
　　　　この手紙を日本へ送りたいのですが。

※小包の場合は、内容や金額、署名などを用紙に記入します。日本へ送るのであれば、英語か日本語で書くことになります。

定番
フレーズ
1

切手を買う

ヴァス　　　コステット　　アイネ　　　ポストカルテ　　　ナーハ　　　ヤーパン
Was kostet eine Postkarte nach Japan?

日本宛ての郵便はがきはいくらになりますか？

言いかえ Was kostet ein Brief nach Japan?「日本宛ての手紙はいくらになりますか？」
アイン　ブリーフ

※ was の代わりに wie viel（ヴィー・フィール）も使えます（→ p.31）。

定番
フレーズ
2

速達で送る

ミット　　アイルポスト　　　ビッテ
Mit Eilpost, bitte!

速達でお願いします。

言いかえ Mit Luftpost, bitte!「航空便でお願いします。」
ルフトポスト

定番
フレーズ
3

小包の種類を指定する

アルス　　　ペックヒェン　　　ビッテ
Als Päckchen, bitte!

小型小包でお願いします。

語彙 als「～として」→ 英語の *as* にあたります。
-chen「小さな○○」

言いかえ Als Büchersendung, bitte!「書籍小包でお願いします。」
ビューヒャーゼンドゥンク

文化 重さが 2 キロまでの小包は、小型小包扱いにすると安く送ることができます。

定番
フレーズ
4

記念切手を買う

ハーベン　　ズィー　　　ゾンダーマルケン
Haben Sie Sondermarken?

記念切手はありますか？

語彙 Sonder-「特別の」→ 通常の切手は、単数 Briefmarke、複数 Briefmarken です。
ブリーフマルケ　　　　　　　　　　　ブリーフマルケン

● das Krankenhaus
クランケンハウス
病院

● ein Krankenpfleger /
クランケンプフレーガー

● eine Krankenpflegerin
クランケンプフレーゲリン
看護師（男性／女性）

● der Arzt /
アルツト

● die Ärztin
エルツティン
医師（男性／女性）

● eine Infusion
インフズィオーン
点滴

Ich habe
イッヒ　ハーベ
Magenschmerzen.
マーゲンシュメルツェン
胃が痛いです。

● der Patient /
パツィエント

● die Patientin
パツィエンティン
患者（男性／女性）

● ein Fieberthermometer
フィーバーテルモメーター
体温計

● ein Verband
フェアバント
包帯

● die Medikamente
メディカメンテ
薬

● eine Spritze
シュプリッツェ
注射器

161

紛失・盗難の際に使えるフレーズ

旅にトラブルはつきものですが、紛失や盗難は避けたいですね。
万が一の際に、使ってみてください。

紛失を届ける

イッヒ　　ハーベ　　マイネン
Ich habe meinen
ライゼパス　　　フェアローレン
Reisepass verloren.

パスポートをなくしました。

フュレン　　ズィー　　ビッテ
Füllen Sie bitte
ダス　　フォルムラー　　アウス
das Formular aus!

用紙に記入をお願いします。

- 《Ich habe ... verloren.》という現在完了形になります。
- verloren は、動詞 verlieren「なくす」の過去分詞です。verlieren の目的語は
  <ruby>フェアリーレン<rt></rt></ruby>
  ４格になります。

※パスポートをなくしたら、現地の警察と、現地にある日本大使館に連絡します。あらかじめ、パスポートのコピーを取っておくといいですね。

泥棒！

ディープシュタール　ハルテット　デン　ディープ
Diebstahl! Haltet den Dieb!

泥棒！　その人を捕まえて！

語彙 Diebstahl「窃盗」

文化 盗まれたとわかったら、とにかく大声で叫びましょう。

盗難にあってしまったとき

マイン　ゲルト　イスト　ゲシュトーレン　ヴォルデン
Mein Geld ist gestohlen worden.

お金を盗まれました。

語彙 stehlen「盗む」→ gestohlen は過去分詞です。
シュテーレン

表現 ist ... worden「〜された」→ 受動態の現在完了形です。「…」に過去分詞が入ります。
※本書では、受動態は扱っていません。

言いかえ Meine Kreditkarte ist gestohlen worden.「クレジットカードを盗まれました。」
マイネ　　クレディートカルテ

定番
フレーズ
3
泥棒の特徴を説明する

デア　ディープ　ヴァー　グロース　ウント　ハッテ　アイネ　グリューネ　ヤッケ　アン
Der Dieb war groß und hatte eine grüne Jacke an.

泥棒は背が高くて、緑色のジャケットを着ていました。

表現 hatte ... an「身に着けていた」→ hatte は haben の過去形です。

定番
フレーズ
4
遺失物取扱所にて

ハーベン　ズィー　マイネ　タッシェ　ゲフンデン
Haben Sie meine Tasche gefunden?

私のカバンは見つかりましたか？

直訳「あなたは私のカバンを見つけましたか？」

語彙 finden「見つける」→ 過去分詞 gefunden

表現 遺失物取扱所は Fundbüro、Fundstelle、Fundsachen などと表示してあります。
フントビューロー　　　フントシュテレ　　　フントザッヘン

病院・薬局で使えるフレーズ

Step4
21

[旅先で体調を崩したら、まずは薬局に相談してみましょう。
ホテルで病院を紹介してもらうのもいいですね。]

症状を伝える

ヴァス　フェールト　イーネン
Was fehlt Ihnen?
どこが悪いのですか？

直訳「何があなたに欠けているのですか？」

イッヒ　ハーベ　マーゲンシュメルツェン
Ich habe Magenschmerzen.
胃が痛いです。

- fehlen は「欠けている」という意味の動詞です。
- Schmerzen は「痛み」です。さまざまな部位に続けて言うことができます。

コプフシュメルツェン
◆ **Kopfschmerzen**
頭痛

ハルスシュメルツェン
◆ **Halsschmerzen**
のどの痛み

ツァーンシュメルツェン
◆ **Zahnschmerzen**
歯の痛み

バウホシュメルツェン
◆ **Bauchschmerzen**
腹痛

- 《Ich habe ...》で症状を伝えることができます。

イッヒ　ハーベ　フィーバー
◆ **Ich habe Fieber.**
熱があります。

イッヒ　ハーベ　ホゥーステン
◆ **Ich habe Husten.**
咳が出ます。

定番
フレーズ
1 ｜ 持病を伝える ▮

イッヒ　　　ハーベ　　　　アストマ
Ich habe Asthma.

喘息持ちです。

言いかえ Ich habe Diabetes.「糖尿病を患っています。」
ディアベーテス
Ich habe zu hohen Blutdruck.「高血圧です。」
ツー　ホーエン　　ブルートドルック

定番
フレーズ
2 ｜ 薬局にて ▮

ハーベン　　ズィー　エトヴァス　　　ゲーゲン　　　　コプフシュメルツェン
Haben Sie etwas gegen Kopfschmerzen?

頭痛に効くものはありますか？

語彙 etwas「何か」→ 英語の *something* にあたります。
gegen「～に対して」

文化 ドイツの薬局は、処方箋がないと買えないものが多いのですが、一般的なものは処方
箋なしでも売ってくれるので、あきらめずに聞いてみましょう。

定番
フレーズ
3 ｜ アレルギーを伝える ▮

イッヒ　　ビン　　　アレアギッシュ　　　　ゲーゲン　　　アイアー
Ich bin allergisch gegen Eier.

卵のアレルギーです。

語彙 Ei「卵」→ 複数形 Eier
アイ
言いかえ Ich bin allergisch gegen Pollen.「花粉症です。」
ポレン

定番
フレーズ
4 ｜ 救急車を呼ぶ ▮

ルーフェン　　ズィー　　ビッテ　　　アイネン　　　　クランケンヴァーゲン
Rufen Sie bitte einen Krankenwagen!

救急車を呼んでください。

文化 救急車は、ドイツでは 112 番に電話します。警察は日本と同じ 110 番です。

とっさの時に
使えるフレーズ

Step 4
22

DL
4_31

とっさに出てくる言葉をドイツ語にするには、かなりの
年月を要します。何度も繰り返して、口になじませてみてください。

助けを呼ぶ

ヒルフェ
Hilfe!
助けて！

ヴァス　イスト　ロース
Was ist los?
どうしましたか？

- 英語の〈*Help!*〉にあたります。Hilfe は「助け」という意味の名詞です。
- 《Was ist los?》も決まり文句です。このまま覚えてください。
- 緊急性はないながらも困ったときは、ドイツ語では次のような言いかたがあります。

マイン　　ゴット
◆ **Mein Gott!**
やれやれ困った。

オー　イェー
◆ **Oh je!**
ああ、やれやれ。

定番フレーズ 1　相手を引き留める

<small>モメント　　　ビッテ</small>

Moment, bitte!

ちょっと待ってください。

語彙 Moment「瞬間」→英語の *moment* にあたりますが、アクセントは後半にあります。

文化 相手が立ち去りそうなときや、相手が勝手に物事を進めてしまっているときに、異議を唱えるつもりで言ってみましょう。

※正式な言いかたは《Einen Moment, bitte!》です。

定番フレーズ 2　相手の言ったことを聞き返す

<small>ヴィー　ビッテ</small>

Wie bitte?

いま何とおっしゃいましたか？

文化 相手の言ったことがわからないとき、日本語で「は？」と言っても、相手はわかってくれません。きちんと《Wie bitte?》と言うと、もう一度繰り返してくれます。（《Bitte?》だけでも通じます。）

定番フレーズ 3　場所を空けてもらいたいとき

<small>ダルフ　イッヒ</small>

Darf ich?

ちょっといいですか？

表現 《Darf ich ...?》「〜してもいいですか？」という表現の冒頭だけを使用しています。

文化 人が立ちふさがっていて通れないとき、この一言を言うと効果てきめんです。窓を開けたいときや、隣に腰掛けたいときなども、ジェスチャーをしながら《Darf ich?》と言うと、わかってもらえます。

定番フレーズ 4　会計などで計算が合わないとき

<small>ダス　シュティムト　ニヒト</small>

Das stimmt nicht.

合っていません。

語彙 stimmen「合っている」

覚えておきたい基礎単語

1. 接続詞

ウント und そして、～と… [=and]	アルス als ～したとき [=when]
オーダー oder あるいは [=or]	ヴェン wenn ～するとき、もし～なら [= when / if]
アーバー aber しかし [=but]	ヴァイル weil なぜなら～だから [= because]

※右側の3つは副文を作ります。

2. 疑問詞

ヴァン wann いつ [= when]	ヴァス was 何が、何を [= what]
ヴォー wo どこで [= where]	ヴィー wie どのように [= how]
ヴェア wer だれが [= who]	ヴァルーム warum なぜ [= why]
ヴェルヒャー welcher どちらの、どの [= which]	ヴォーヘア woher どこから [= where from]
ヴィー フィール wie viel どれくらい [= how much]	ヴォービン wohin どこへ [= where]

※「wer」は3格で wem（ヴェーム）「だれに」、4格で wen（ヴェーン）「だれを」と変化します。
※「welcher」は続く名詞によって格変化します。

3. 前置詞

❶ 3格を続けるもの

アプ ab ～から、～以降 [=from]	ナーハ nach ～に向かって、～のあとに [= to / after]
アウス aus ～の中から [= out of / from]	ザイト seit ～以来 [= since]
バイ bei ～の近くで [= near / by]	フォン von ～から、～の [= from / of]
ミット mit ～といっしょに [= with]	ツー zu ～へ [= to]

❷ 4格を続けるもの

ビス bis ～まで [= till]	ゲーゲン gegen ～に向かって [= towards / against]
ドゥルヒ durch ～を通って [= through]	オーネ ohne ～なしで [= without]
フュア für ～のために [= for]	ウム um ～のまわりを [= around]

❸ 3格または4格を続けるもの

アン an ～のきわに／へ [= at / on]	イン in ～の中に／へ [= in / at / into]
アウフ auf ～の上に／へ [= on / to]	ウンター unter ～の下に／へ [= under]

※❸については、3格を続けると「(静止した) 場所」、4格では「(移動する) 方向」を表します。

4．名詞

❶食べ物　die Speisen

肉	das Fleisch _{フライシュ}	魚	der Fisch _{フィッシュ}
野菜	das Gemüse	果物	das Obst
塩	das Salz	コショウ	der Pfeffer
砂糖	der Zucker	カラシ、マスタード	der Senf
スープ	die Suppe	サラダ	der Salat
パン	das Brot	チーズ	der Käse
氷、アイスクリーム	das Eis	ケーキ	der Kuchen

❷飲み物　die Getränke

水	das Wasser	コーヒー	der Kaffee
牛乳	die Milch	紅茶、茶	der Tee
ジュース	der Saft	チョコレート、ココア	die Schokolade
ビール	das Bier	ワイン	der Wein

❸食器　das Geschirr und das Besteck

ナイフ	das Messer	フォーク	die Gabel
スプーン	der Löffel	カトラリー	das Besteck
グラス	das Glas	カップ	die Tasse
皿	der Teller	テーブルナプキン	die Serviette

❹小物　kleine Sachen

カバン	die Tasche	スーツケース	der Koffer
メガネ	die Brille	（腕）時計	die Uhr
帽子（縁あり）	der Hut	帽子（縁なし）	die Mütze
傘	der Schirm	ジャケット	die Jacke

❺家族　die Familie			
父	der Vater ファーター	母	die Mutter ムッター
息子	der Sohn ゾーン	娘	die Tochter トホター
兄・弟	der Bruder ブルーダー	姉・妹	die Schwester シュヴェスター
両親	*die Eltern* エルタン	兄弟姉妹	*die Geschwister* ゲシュヴィスター
夫	der Mann マン	妻	die Frau フラウ
❻身体　der Körper und das Gesicht			
頭	der Kopf コプフ	口	der Mund ムント
耳	das Ohr オーア	目	das Auge アウゲ
手	die Hand ハント *die Hände* ヘンデ	足	der Fuß フース *die Füße* フューセ

※イタリック体は複数形です。

5．副詞

❶強調表現			
とても	sehr ゼーア	～も	auch アウホ
～だけ	nur ヌア	特に	besonders ベゾンダース
❷場所			
そこに、そのときに	da ダー	そこに、あそこに	dort ドルト
ここに	hier ヒーア	外に	draußen ドラウセン
上に	oben オーベン	下に	unten ウンテン
右に	rechts レヒツ	左に	links リンクス
❸時間表現			
今	jetzt イェット	ちょうど、まっすぐに	gerade ゲラーデ
まだ、なお	noch ノッホ	すでに	schon ショーン
いつも	immer インマー	しばしば	oft オフト
❹その他			
ひとりで	allein アライン	いっしょに	zusammen ツーザンメン
好んで、喜んで	gern(e) ゲルン（ゲルネ）	残念ながら	leider ライダー

6. 形容詞 ※ ここに挙げた形容詞のうち、❹の erst と letzt 以外は副詞としても使えます。

❶ 色

赤い	<ruby>rot<rt>ロート</rt></ruby>	白い	<ruby>weiß<rt>ヴァイス</rt></ruby>
青い	<ruby>blau<rt>ブラウ</rt></ruby>	黒い	<ruby>schwarz<rt>シュヴァルツ</rt></ruby>

❷ 大小

大きい	<ruby>groß<rt>グロース</rt></ruby>	小さい	<ruby>klein<rt>クライン</rt></ruby>
長い	<ruby>lang<rt>ラング</rt></ruby>	短い	<ruby>kurz<rt>クルツ</rt></ruby>
多い	<ruby>viel<rt>フィール</rt></ruby>	少ない	<ruby>wenig<rt>ヴェーニヒ</rt></ruby>
値段が高い	<ruby>teuer<rt>トイアー</rt></ruby>	値段が安い	<ruby>billig<rt>ビリヒ</rt></ruby>

❸ 良し悪し

良い	<ruby>gut<rt>グート</rt></ruby>	悪い	<ruby>schlecht<rt>シュレヒト</rt></ruby>
正しい	<ruby>richtig<rt>リヒティヒ</rt></ruby>	間違っている	<ruby>falsch<rt>ファルシュ</rt></ruby>

❹ 時間・順番

速い	<ruby>schnell<rt>シュネル</rt></ruby>	遅い	<ruby>langsam<rt>ラングザーム</rt></ruby>
時間が早い	<ruby>früh<rt>フリュー</rt></ruby>	時間が遅い	<ruby>spät<rt>シュペート</rt></ruby>
自由な、空いている	<ruby>frei<rt>フライ</rt></ruby>	ふさがっている	<ruby>besetzt<rt>ベゼット</rt></ruby>
新しい	<ruby>neu<rt>ノイ</rt></ruby>	古い	<ruby>alt<rt>アルト</rt></ruby>
最初の、第1の	<ruby>erst<rt>エアスト</rt></ruby>	最後の、最近の	<ruby>letzt<rt>レツト</rt></ruby>

❺ 心情・体調

素敵な、美しい	<ruby>schön<rt>シェーン</rt></ruby>	すばらしい	<ruby>wunderbar<rt>ヴンダーバー</rt></ruby>
親切な	<ruby>freundlich<rt>フロイントリッヒ</rt></ruby>	親切な、気持ちのいい	<ruby>nett<rt>ネット</rt></ruby>
嬉しい	<ruby>froh<rt>フロー</rt></ruby>	悲しい	<ruby>traurig<rt>トラウリヒ</rt></ruby>
疲れた、眠い	<ruby>müde<rt>ミューデ</rt></ruby>	病気の	<ruby>krank<rt>クランク</rt></ruby>
熱い、暑い	<ruby>heiß<rt>ハイス</rt></ruby>	冷たい、寒い	<ruby>kalt<rt>カルト</rt></ruby>

❻ 味覚

甘い	<ruby>süß<rt>ズース</rt></ruby>	すっぱい	<ruby>sauer<rt>ザウアー</rt></ruby>
辛い、鋭い	<ruby>scharf<rt>シャーフ</rt></ruby>	しょっぱい	<ruby>salzig<rt>ザルツィヒ</rt></ruby>

1．重要動詞

不定形	ich	er/sie/es	wir/Sie/sie	過去分詞	過去形
sein ザイン 〜である	ビン bin	イスト ist	ズィント sind	ゲヴェーゼン gewesen（+sein)	ヴァー war
haben ハーベン 〜を持っている	ハーベ habe	ハット hat	ハーベン haben	ゲハプト gehabt	ハッテ hatte

2．規則動詞　過去分詞が ge-----t となります。

不定形	ich	er/sie/es	wir/Sie/sie	過去分詞
machen マッヘン する、作る	マッヘ mache	マハト macht	マッヘン machen	ゲマハト gemacht

※ほかに、kaufen（カウフェン）「買う」、sagen（ザーゲン）「言う」、suchen（ズーヘン）「さがす」、warten（ヴァルテン）「待つ」、wohnen（ヴォーネン）「住む」、zeigen（ツァイゲン）「見せる」などが規則動詞です。

3．不規則動詞　過去分詞が原則として ge-----n となります。
（bringen など一部に例外があります。）

① 過去分詞のみが不規則な形になる

不定形	ich	er/sie/es	wir/Sie/sie	過去分詞
gehen ゲーエン 行く、歩いて行く	ゲーエ gehe	ゲート geht	ゲーエン gehen	ゲガンゲン gegangen（+sein)
kommen コンメン 来る	コンメ komme	コムト kommt	コンメン kommen	ゲコンメン gekommen（+sein)
finden フィンデン 見つける	フィンデ finde	フィンデット findet	フィンデン finden	ゲフンデン gefunden
trinken トリンケン 飲む	トリンケ trinke	トリンクト trinkt	トリンケン trinken	ゲトルンケン getrunken
bringen ブリンゲン 運ぶ、届ける	ブリンゲ bringe	ブリンクト bringt	ブリンゲン bringen	ゲブラハト gebracht

　※現在完了形を作るときに sein を使う動詞は、「過去分詞」の欄に（＋sein）と記しています。

不定形	ich	er/sie/es	wir/Sie/sie	過去分詞
シュテーエン **stehen** 立っている	シュテーエ stehe	シュテート steht	シュテーエン stehen	ゲシュタンデン gestanden
ブライベン **bleiben** とどまる、残る、 〜のままである	ブライベ bleibe	ブライプト bleibt	ブライベン bleiben	ゲブリーベン geblieben(+sein)

② 現在形が3人称単数で形を変える

※現在形が a→ä、e→i、e→ie のいずれかのパターンで変化します。

不定形	ich	er/sie/es	wir/Sie/sie	過去分詞
ファーレン **fahren** （乗り物で）行く、 （乗り物が）走る	ファーレ fahre	フェーアト fährt	ファーレン fahren	ゲファーレン gefahren(+sein)
ヴァッシェン **waschen** 洗う	ヴァッシェ wasche	ヴェシュト wäscht	ヴァッシェン waschen	ゲヴァッシェン gewaschen
ゲーベン **geben** 与える	ゲーベ gebe	ギプト gibt	ゲーベン geben	ゲゲーベン gegeben
ネーメン **nehmen** 取る	ネーメ nehme	ニムト nimmt	ネーメン nehmen	ゲノンメン genommen
エッセン **essen** 食べる	エッセ esse	イスト isst	エッセン essen	ゲゲッセン gegessen
シュプレッヒェン **sprechen** 話す	シュプレッヒェ spreche	シュプリヒト spricht	シュプレッヒェン sprechen	ゲシュプロッヘン gesprochen
ゼーエン **sehen** 見る、見える、会う	ゼーエ sehe	ズィート sieht	ゼーエン sehen	ゲゼーエン gesehen

③ 特殊な現在形を持つ

※3人称単数だけでなく、1人称単数も不定形と違う形になります。

※ちなみに、話法の助動詞の現在形と、すべての動詞・助動詞の過去形でも
1人称単数＝3人称単数となります。

不定形	ich	er/sie/es	wir/Sie/sie	過去分詞
ヴィッセン **wissen** 知っている	ヴァイス weiß	ヴァイス weiß	ヴィッセン wissen	ゲヴスト gewusst

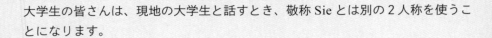

補足 2人称のduとihrについて

大学生の皆さんは、現地の大学生と話すとき、敬称 Sie とは別の2人称を使うことになります。

> 2人称単数：du「君は」
> 2人称複数：ihr「君たちは」

Sie とは動詞の活用形が異なるので、使う予定のある人は心づもりをしておいてください。

社会人の皆さんも、子ども相手や、昔からの親しい友人と話すときは du / ihr を使うので、余裕のある人は、頭の片隅に入れておくといいでしょう。

現在形の活用語尾

語尾は、du のとき -st、ihr のとき -t となります。

1. 重要動詞　特殊な形になります！

不定形	du	ihr
sein ～である	bist	seid
[過去形] **war**	warst	wart

不定形	du	ihr
haben ～を持っている	hast	habt
[過去形] **hatte**	hattest	hattet

例 Du hast eine schöne Tasche. 「素敵なカバンを持っているね。」

2. 規則動詞　語幹に -st、-t をつけるだけです。

不定形	du	ihr
machen する、作る	machst	macht

※ ihr の現在形は、3人称単数と同じ「語幹＋-t」の形になります。

例 Was machst du am Wochenende? 「週末は何をするの？」

174

３．不規則動詞　du で語幹が変わる動詞があります。

不定形	du	ihr
fahren ファーレン （乗り物で）行く、 （乗り物が）走る	fähr<ins>st</ins> フェーアスト	fahr<ins>t</ins> ファート
geben ゲーベン 与える	gib<ins>st</ins> ギープスト	geb<ins>t</ins> ゲープト
nehmen ネーメン 取る	nimm<ins>st</ins> ニムスト	nehm<ins>t</ins> ネームト

不定形	du	ihr
essen エッセン 食べる	is<ins>st</ins> イスト	ess<ins>t</ins> エスト
sprechen シュプレッヒェン 話す	sprich<ins>st</ins> シュプリヒスト	sprech<ins>t</ins> シュプレヒト
sehen ゼーエン 見る、見える、会う	sieh<ins>st</ins> ズィースト	seh<ins>t</ins> ゼート

※現在形が３人称単数で形を変える動詞（→ p.173）は、du でも同じように語幹の形を変えて、語尾に -t ではなく -st をつけます。

※ ihr の現在形は wir / Sie / sie と同じ語幹を使うので、このパターンの動詞では、３人称単数の活用形と異なることになります。

例　Fährst du heute in die Stadt?　「今日は町へ行くの？」
フェーアスト　ドゥー　ホイテ　イン　ディー　シュタット

４．話法の助動詞

不定形	du	ihr
müssen ミュッセン 〜しなければなら ない	mus<ins>st</ins> ムスト	müss<ins>t</ins> ミュスト
dürfen デュルフェン 〜してもよい	darf<ins>st</ins> ダルフスト	dürf<ins>t</ins> デュルフト
wollen ヴォレン 〜がしたい	will<ins>st</ins> ヴィルスト	woll<ins>t</ins> ヴォルト

不定形	du	ihr
können ケンネン 〜できる	kann<ins>st</ins> カンスト	könn<ins>t</ins> ケント
mögen モェーゲン 〜が好きだ	mag<ins>st</ins> マークスト	mög<ins>t</ins> モェークト
sollen ゾレン 〜するべきだ	soll<ins>st</ins> ゾルスト	soll<ins>t</ins> ゾルト

※ du の現在形は、１人称単数・３人称単数の形に -st をつけます。

※ ihr の現在形は、不定形の語幹に -t をつけます。ウムラウトはつけたままになります。

例　Wenn du möchtest, kannst du mitkommen.
ヴェン　ドゥー　メヒテスト　カンスト　ドゥー　ミットコンメン

「そうしたいなら、いっしょに来てもいいよ。」

著者
宍戸里佳（ししど りか）

桐朋学園大学にて音楽学を専攻したのち、ドイツのマインツ大学にて音楽学の博士課程を修了。現在、桐朋学園芸術短期大学非常勤講師（楽式を担当）および昴教育研究所講師（ドイツ語を担当）。主な著書に『オールカラー 基礎から学べる はじめてのドイツ語文法』（ナツメ社）、『大学１・２年生のためのすぐわかるドイツ語』（東京図書）、『英語と一緒に学ぶドイツ語』『しっかり身につく中級ドイツ語トレーニングブック』（ベレ出版）、訳書に『楽器の絵本』シリーズ（カワイ出版）がある。

イラスト　たじまなおと

ナレーション　野村富美江／ヤン・ヒレスハイム／鈴木 和歌エマ

編集担当　奥迫了平（ナツメ出版企画株式会社）

本書に関するお問い合わせは、書名・発行日・該当ページを明記の上、下記のいずれかの方法にてお送りください。電話でのお問い合わせはお受けしておりません。
・ナツメ社 web サイトの問い合わせフォーム
　https://www.natsume.co.jp/contact
・FAX（03-3291-1305）
・郵送（下記、ナツメ出版企画株式会社宛て）
なお、回答までに日にちをいただく場合があります。正誤のお問い合わせ以外の書籍内容に関する解説・個別の相談は行っておりません。あらかじめご了承ください。

音声 DL 版　オールカラー
基礎からレッスン

はじめてのドイツ語

2024 年 4 月 1 日　初版発行

著　者　宍戸里佳　©Shishido Rika, 2024
発行者　田村正隆
発行所　株式会社ナツメ社
　　　　東京都千代田区神田神保町 1-52
　　　　ナツメ社ビル 1 F（〒 101-0051）
　　　　電話 03-3291-1257（代表）　FAX 03-3291-5761
　　　　振替 00130-1-58661
制　作　ナツメ出版企画株式会社
　　　　東京都千代田区神田神保町 1-52
　　　　ナツメ社ビル 3 F（〒 101-0051）
　　　　電話 03-3295-3921（代表）
印刷所　ラン印刷社

ISBN978-4-8163-7522-4　Printed in Japan

ナツメ社Webサイト
https://www.natsume.co.jp
書籍の最新情報（正誤情報を含む）はナツメ社Webサイトをご覧ください。